Histoire de la langue française

JACQUES CHAURAND
Professeur émérite de l'Université Paris XIII

Dixième édition mise à jour

63ᵉ mille

ISBN 2 13 053310 8

Dépôt légal — 1ʳᵉ édition : 1969
10ᵉ édition mise à jour : 2003, mars

© Presses Universitaires de France, 1969
6, avenue Reille, 75014 Paris

Chapitre I

LE PLUS ANCIEN FRANÇAIS

I. – **Les premières manifestations du français**

Les façons d'aborder une langue sont multiples. Tenter d'en reconstituer l'histoire est l'une d'entre elles, mais l'objet de cette histoire n'est pas facile à saisir, et il sera bon de poser quelques préalables. Un Français du XXe siècle ne comprendrait évidemment rien à ce que lui dirait son compatriote du IXe, et les quelques mots que cet ancêtre lui écrirait, à supposer qu'il sût écrire, constitueraient pour son correspondant un redoutable exercice de version ; notre contemporain ne serait d'ailleurs pas plus heureux s'il conversait avec un paysan de l'Île-de-France, contemporain de Molière ; il n'y a même pas besoin d'imaginer un tel éloignement dans le temps – sans compter que de multiples différences tenant aux milieux sociaux et aux niveaux de langages risquent de s'ajouter à celles de l'ordre temporel – pour que les messages soient obscurcis et que la communication soit rendue pratiquement impossible. Mais un idiome inopérant peut se révéler comme n'étant pas radicalement étranger, et une perspective historique, faisant la part de la modification et de la permanence, légitimer jusqu'à la référence au français d'aujourd'hui, qui ne sera jamais tout à fait absente au cours des pages qui suivront.

Une langue se caractérise par un ensemble de traits phonétiques et morphologiques fondamentaux, dont la solidarité à l'intérieur d'un système est une garantie contre les bouleversements qui seraient à la fois profonds et brutaux. C'est ainsi que la réflexion peut retrouver entre des *états* divers, marqués par les modifications qui les différencient des précédents et des suivants, des bases communes assez solides pour que soit conçue ou saisie une continuité. C'est dans ce sens aussi que l'histoire d'une langue a un objet propre, qu'elle ne se confond pas avec l'histoire du peuple qui la parle ou avec telle ou telle des composantes de celle-ci, et que, pour le français, il est légitime de fixer, sinon une date de naissance, au moins celle d'une première manifestation d'existence : en 842, avec le texte des *Serments de Strasbourg,* s'ouvre pour nous un premier état de langue, le plus ancien français.

En 842, Charles le Chauve et Louis le Germanique, redoutant l'esprit aventureux de leur frère Lothaire, se promirent une assistance mutuelle contre les entreprises de celui-ci. Pour permettre à chacune des deux parties de comprendre les termes de l'accord, deux textes furent rédigés et sont parvenus jusqu'à nous grâce à une copie qui figure dans l'œuvre de l'historien Nithard et a été exécutée vers l'an mil, l'un en roman, l'autre en germanique. Bien qu'environ cent cinquante ans se soient écoulés entre la composition du texte et la copie, il n'y a pas lieu de suspecter outre mesure la valeur des *Serments de Strasbourg* dans l'état où ils sont parvenus jusqu'à nous : c'est un échantillon du langage juridique en usage à l'époque carolingienne, mais ce caractère, s'il constitue une certaine garantie d'authenticité, restreint la portée du document. Il ne viendrait à l'idée de personne de fonder exclusivement une description du français d'aujourd'hui sur les actes notariés ou les arrêtés de telle juridiction. Heureusement les *Serments de Strasbourg* peuvent être complétés par un document qui remonte à une date presque aussi ancienne et sur lequel on ne saurait faire les mêmes réserves, la *Séquence de sainte Eulalie,* écrite dans les années 880, peut-être à l'abbaye de Saint-Amand (59). Ce court poème traduit un effort de liturgie populaire destiné à associer la foule à la vénération de l'héroïne, martyrisée pendant le règne de l'empereur Maximien. Le document suivant nous amène au milieu du Xe siècle : un prédicateur rédige des notes pour un sermon sur Jonas qui doit être prononcé à l'église de Saint-Amand, et mêle à son commentaire latin quelques passages en français. La présence de la « langue vulgaire » dans un texte de ce genre peut être mise en rapport avec l'article XVII du Concile de Tours (813), repris ensuite par plusieurs assemblées conciliaires, qui recommande aux prédicateurs d'employer pour les homélies la langue que comprendraient leurs auditeurs, le *roman rustique* ou le germanique. Quelques années plus tard, les évêques avaient été chargés par Charles le Chauve de commenter les capitulaires de façon à les rendre intelligibles pour tous (857). L'application de telles mesures – quelle qu'en ait été l'étendue – suppose l'existence de groupes linguistiques suffisamment homogènes et n'a pu manquer de se traduire par la mise en circulation d'une foule de formules et de types de phrases jetant dans un large public les premières bases d'une langue cultivée.

Presque tous les textes que nous pouvons lire sur des copies exécutées au cours de l'époque du plus ancien français, qui s'étend du IXe siècle aux premières années du XIIe siècle, sont de caractère religieux : la *Passion* dite *de Clermont* et la *Vie de saint Léger,* deux œuvres en vers assonancés transcrites à Clermont vers l'an 1000, une adaptation du *Cantique des cantiques* (début du XIIe siècle). L'écart de plus en plus grand qui séparait la langue, comprise ou parlée de fait dans la Gaule romanisée, du latin qui s'enseignait dans les écoles ou s'écrivait dans les milieux ecclésiastiques et littéraires, et dont la Renaissance carolingienne ne faisait que renforcer la dépendance à l'égard des modèles anciens, avait donc donné naissance à une langue toute nouvelle, nommée d'abord *roman rustique* (*rustica lingua romana,* d'après les prescriptions du Concile de Tours). Ce n'est d'abord qu'une langue parlée. Nous ne sommes renseignés sur sa préhistoire qu'indirectement : dès le VIIIe siècle, des *Gloses,* destinées à aider à la lecture de l'Écriture sainte, nous éclairent sur les difficultés qui pouvaient arrêter les lecteurs ou les commentateurs de cette époque, placés devant un texte écrit dans un latin demeuré traditionnel. Ils y trouvaient en regard du mot du texte qu'ils ne comprenaient plus, un mot interprétant mieux à leur portée : la convergence entre les solutions fournies par les *mots interprétant* des *Gloses* et les orientations morphologiques et lexicales adoptées par la langue telle qu'elle se manifeste à ses débuts, nous garantit la valeur de ces indications. C'est ainsi qu'il sera intéressant de rapprocher les formes *manatias, manatiat* qui, dans les *Gloses* de Reichenau, sont mises en regard des termes latins *minas, minatur,* de MANACTE qui figure dans la *Séquence de sainte Eulalie* et du français moderne MENACE. Mais c'est le pas fait au IXe siècle qui est déterminant : on ne se contente plus d'éclairer des éléments isolés, on donne une expression écrite à une langue sentie comme différente, et suffisamment cohérente pour être ainsi traitée. Les débuts ont été modestes : les premiers documents écrits dans la langue nouvelle sont insérés au milieu d'ouvrages latins ; ils doivent leur existence à une reconnaissance de la situation linguistique de fait et c'est la nécessité de s'adapter à un mode d'expression à la portée du public qui amène des clercs à procéder aux plus anciennes transcriptions. Désormais la fragmentation de la *Romania* ne se traduit plus négativement par une incompréhension généralisée du latin, mais par la formation d'idiomes assez bien fixés pour recevoir une forme écrite.

Définitivement dégagée du latin, la nouvelle langue s'affirme aussi comme étant de plus en plus différente, non seulement de ce qui allait devenir l'italien, l'espagnol, mais aussi des idiomes en usage au sud du territoire gallo-roman : l'évolution du latin parlé dans ce domaine n'a pas été la même que dans le nord, occupé d'une façon plus dense par les Germains, et en relations moins suivies avec les pays méditerranéens. Après le Ve siècle, les deux groupes linguistiques ont leur évolution propre. Un mouvement aussi important que celui qui a fait passer *a* latin accentué à *e* ou à *ie* (ex. *mare,* mer ; *caru,* chier) a touché seulement les parlers du Nord qui ont constitué la langue d'*oïl* (ou d'*oui*) et a épargné ceux du Midi où s'est développée la langue d'*oc,* tandis que dans une petite zone, celle du francoprovençal, seul le traitement de *a* en *ie* s'est opéré. Une telle divergence a eu d'importantes conséquences morphologiques, et en particulier si l'on songe que plusieurs formes, appartenant aux verbes du premier groupe, ont reçu globalement désormais des caractéristiques différentes ; *b* et *d* en position intervocalique se sont maintenus en provençal, où la forme *trobador* correspond à *trovere* dans le français du Nord. Certaines des innovations qui se sont introduites dans le système phonétique de la langue d'oïl telles que la nasalisation complète des voyelles ne se sont pas produites dans la langue d'oc.

II. – **Structures phoniques de base**

La langue qui apparaît au IXe siècle doit peu aux parlers des populations celtiques qui se sont installées depuis quelques siècles sur le territoire de la Gaule : du IIIe au Ve siècle de notre ère s'opère une latinisation de la Gaule romanisée, qui part des villes et s'étend peu à peu à tous les milieux, ne laissant subsister de vestiges du langage primitif des habitants que dans le vocabulaire ayant trait à la vie des champs (ex. : ALOE < *alauda* = alouette ; ARPENT tiré de *arepennis* ; BANNE, de *benna,* dérivé « bagnole », etc.) et dans la toponymie (ex. *nanto* = ravin, comme dans *Nanteuil* ; formations suffixales en -*y*, -*é, (i)ac,* tirées de *iacum,* ex. Pouilly de *Pauliacum* ; Flavy, *Flaviacum,* etc.). Or des éléments lexicaux ne sauraient caractériser le système que constitue une langue, le propre de tels éléments étant au contraire de s'assimiler à celui-ci.

Cette langue n'est pas non plus le prolongement du latin classique, et des comparaisons avec le latin dit *vulgaire* ou, mieux, *tardif* sont plus justifiées. Comme les autres langues romanes, elle est née à la suite des bouleversements profonds qui ont gravement altéré l'idiome dont l'unité était liée à celle de l'Empire romain, et l'ont fait éclater en fragments de plus en plus différents de l'ensemble dont ils tiraient leur origine, et de plus en plus différenciés entre eux. La partie la plus gravement atteinte a été le système vocalique. Les voyelles étaient réparties en latin classique selon un schéma triangulaire en fonction de l'aperture (figurée par la hauteur), du point d'articulation (situé en avant ou en arrière de la bouche, et figuré par le côté longitudinal) et de la quantité longue (-) ou brève (ᵕ) :

$$
\begin{array}{ccc}
\text{(avant) } \breve{\imath}/\bar{\imath} & & \breve{u}/\bar{u} \text{ (arrière)} \\
\breve{e}/\bar{e} & & o/\bar{o} \\
& \breve{a}/\bar{a} &
\end{array}
$$

Désormais l'une des composantes, la quantité, va cesser d'être un élément constitutif du système, tandis que les pertes dues à ce bouleversement quantitatif ont été compensées par des nuances fondées sur les deux autres éléments : opposition entre *o* ouvert et *o* fermé (ex. s*o*l / s*au*le), entre *è* ouvert et *é* fermé (ex. prêtre / pré). En outre, une nouvelle série s'amorce une fois que l'ancien *-u-* latin (transcrit *ou* dans l'orthographe française), avance son point d'articulation jusqu'à *ü* (transcrit *u*), ex. lat. p*u*r*u*(m), français p*u*r ; *-eu-* fermé (ex. p*eu*), *eu* ouvert (ex. p*eu*r) s'ajouteront à *ü* pour constituer une série de voyelles d'avant qui, par l'arrondissement des lèvres, se distinguera de celle qui existait déjà. Enfin, dès le plus ancien français, une autre série vocalique nouvelle va s'opposer à toutes les précédentes qui ne mettaient en jeu que la bouche : cette fois, une partie de la colonne d'air s'engageant dans la cavité nasale détermine, alors que le point d'articulation reste sensiblement le même, un timbre différent. Le phénomène s'est produit d'abord pour *a* et *e* devant *m* ou *n* ; il s'étendra ensuite à d'autres voyelles.

Dès qu'apparaissent les premiers monuments de la langue, le système vocalique du français est constitué dans ses grandes lignes : les siècles suivants ne feront qu'apporter quelques modifications, qu'ajouter quelques compléments aux séries désormais existantes, en particulier en ce qui a trait aux arrondies et aux nasales. Ce système repose essentiellement sur les oppositions suivantes : *voyelles d'avant* ou *palatales / voyelles d'arrière* ou *vélaires* ; *voyelles ouvertes / voyelles fermées* ; *voyelles arrondies / voyelles non arrondies* ; *voyelles nasales / voyelles orales.* Comme on peut s'en apercevoir, la palette vocalique du français est beaucoup plus complexe, beaucoup plus nuancée que celle dont disposait le latin ; sa richesse et sa variété demeureront jusqu'à nos jours l'une des originalités de la langue.

À l'époque du plus ancien français, des timbres vocaliques se combinaient volontiers en une seule émission de voix, et cet état de langue est caractérisé par l'existence de nombreuses diphtongues, qui disparaîtront peu à peu par la suite. Ces diphtongues comportent soit comme premier, soit comme second élément, *i* ou *u*. On peut ainsi établir une série de diphtongues à second élément palatal : *ai, ei, oi, ui,* une autre de diphtongues à second élément vélaire *au, eu, ou.* Les combinaisons inverses ont été moins variées : *ie, uo* qui n'est attesté qu'au IXe siècle et aboutit à *ue* ; *iu* n'a pas été viable et, sauf dans certaines régions, cette diphtongue a subi une interversion de ses éléments pour se confondre avec *-ui* (ex. *riu / rui* comme dans r*ui*sseau, *siu / sui* comme dans *suif*).

La série de diphtongues à second élément vélaire a été abondamment fournie aux débuts de l'histoire du français grâce à la vocalisation de *l,* à partir du VIIe siècle : cette consonne, en effet, a tendu à se vocaliser en *u* lorsqu'elle se trouvait devant une consonne : c'est ainsi qu'au présent du verbe *valoir,* le radical *val-* apparaît sous la forme *vau-* devant la consonne finale de la 3e personne du singulier *il vaut,* alors qu'il reste inchangé à la 1re ou à la 2e personne du pluriel : *nous valons, vous valez.* De même pour les substantifs et les adjectifs, à *cheval* correspond *chevaus (al + s),* à *loial, loiaus,* etc. Outre un jeu abondant de diphtongues, le plus ancien français a compté quelques triphtongues, *ieu, eau,* qui, comme les diphtongues, disparaîtront au cours de l'histoire de la langue.

Les changements qui ont atteint le système consonantique ont été de moindre importance. Le jeu de corrélations *sourdes / sonores* dont disposait le latin pour les occlusives se retrouve en français : *p / b, t / d, k / g.* Pour les fricatives, le français a complété la série déjà existante en faisant correspondre à chaque point d'articulation la même corrélation que pour les occlusives : *f / v, s / z,* à quoi s'en sont ajoutées deux autres comparables aux *th* anglais dur et doux, provenant de dentales affaiblies en position intervocalique ou finale, et orthographiées *th* et *dh* ; elles ont disparu au cours de l'époque du plus ancien français. Une autre innovation de la langue, les fricatives prépalatales, a été beaucoup plus solide. Ces phonèmes, sourde *ch* et sonore *j,* ont d'abord fait partie de combinaisons *tch* et *dj* (orthographiées *ch,* et *j* ou *g + e, i* en ancien français) ; simplifiées à partir du XIIe siècle, elles continuent à être abondamment représentées en français moderne : *ch*ar, *ch*eval, etc., et dé*j*à, *j*eu, etc. D'une façon générale, la corrélation *sourde / sonore* était neutralisée à la finale où n'apparaissait que la variante sourde. Enfin, le français n'admet pas la gémination des consonnes ; les consonnes doubles se sont simplifiées ; il n'a subsisté qu'un *r* géminé.

III. – **Formation d'une orthographe**

Le problème difficile de l'orthographe s'est posé aux clercs qui ont rédigé les premiers textes en français. La solution a consisté à adapter tant bien que mal les caractères de l'alphabet latin dont eux-mêmes avaient l'habitude. Or ces caractères étaient faits pour correspondre à un système phonique tout différent. On continue ainsi, jusqu'à nos jours, à réciter sous le nom de voyelles une série de cinq timbres vocaliques transcrits par un signe particulier dans l'alphabet latin. Mais aux innovations phoniques du français n'ont pas correspondu de nouveaux signes. La même solution a été adoptée pour les autres langues romanes lorsqu'elles ont reçu une expression écrite, mais le français s'est trouvé d'autant plus défavorisé par une orthographe fidèle aux caractères latins, qu'il s'était plus profondément différencié dans sa structure phonique. Avec un matériel identique au départ, l'espagnol et l'italien sont parvenus à une orthographe plus satisfaisante. Quand une voyelle simple a changé de timbre, comme ce fut le cas pour *u* (*ou* selon l'orthographe française), palatalisé en *ü* (transcrit désormais *u* comme dans p*u*r) autre voyelle simple, il suffisait de faire correspondre le même signe graphique à un autre son, ce qui était d'autant moins gênant que le phonème conservait la même position dans le mot. Quand il s'est agi de phonèmes ou d'oppositions qui n'avaient aucune contrepartie en latin, les clercs ont adopté diverses attitudes. Ils ont pu renoncer à noter les différences qu'ils entendaient, et le même signe graphique a pu se charger de diverses valeurs phoniques : les différences d'aperture entre *o, e* fermés et *o, e* ouverts n'ont reçu aucune marque dans l'orthographe. Alors qu'à l'opposition *sourdes / sonores* correspondaient dans la série des occlusives des signes distincts parce que cette série existait au complet en latin, la même opposition n'a pas été marquée de façon nette pour les fricatives qui ne formaient pas en latin une série aussi complète : la sonore corrélative de *f* a été transcrite *u*, signe qui pouvait donc avoir une valeur vocalique ou une valeur consonantique et n'a reçu de marque particulière, *v,* qu'après le XVIe siècle ; le phonème *dj* a été transcrit par *i* qui, comme *u*, était susceptible d'avoir deux valeurs, vocalique et consonantique, jusqu'à ce que le signe *j* ait permis de démarquer la consonne fricative ; devant *e, i* on a conservé le signe *g* qui était souvent fourni par l'étymon latin, mais qui marquait une tout autre valeur phonique. Pour la sourde correspondante les clercs ont eu recours à un autre procédé : à un signe qui rappelait en général l'étymon latin *c,* ils en ont ajouté un autre qui a neutralisé le précédent *h,* et le groupe ainsi formé a été affecté à la marque d'un nouveau phonème. Il pourra ainsi y avoir jusqu'à trois caractères pour un seul phonème, et *l* mouillé sera rendu par *ill,* à quoi correspond *lh* dans la tradition graphique provençale. Il est admis dès cette époque qu'on n'est pas lié par une correspondance systématique entre son et graphisme et que les signes sont polyvalents. Ce n'est pas un signe isolé qui a une valeur précise, mais un signe dans tel entourage, dans telle position. L'orthographe tend à s'établir dès l'origine en fonction d'une reconnaissance des mots plutôt qu'elle ne vise à transcrire fidèlement des sons : deux systèmes, l'un graphique, l'autre phonique, ont tendance à fonctionner à part. Dès lors, et suivant les époques, des éléments tout à fait indépendants d'une transcription phonique peuvent s'introduire dans l'orthographe. Le clerc qui rédige le sermon sur Jonas ajoute *h* initial à l'infinitif du verbe *avoir,* qu'il écrit *haveir.* Il pense évidemment au latin *habere,* et ce rapprochement confirme sans doute à ses yeux l'identité du mot : il donne un exemple d'orthographe étymologique. Cette tendance apparaît discrètement dans les premiers siècles de l'histoire du français, mais ne prendra un développement dangereux et excessif que plus tard. Le premier effort s'est exercé sur le découpage des mots, et plusieurs textes parmi les plus anciens portent la marque de conventions déjà bien établies sur ce point. Des influences, terme à terme sur le mot individualisé et pourvu de signes plus constants d'identité, seront le fait d'autres états de langue.

IV. – Ébauche d'une morpho-syntaxe

Un certain nombre de traits sont acquis de façon durable dès les plus anciens textes : quand un mot est accentué, l'accent tombe sur la dernière ou sur l'avant-dernière syllabe. Dans le second cas, la voyelle de la syllabe finale non accentuée présente trois variantes dans les *Serments de Strasbourg* (*e* dans *fradre* = frère, *a* dans *nulla* = nulle, *o* dans *nostro* = notre) ; elles se réduisent à deux dans la *Séquence de sainte Eulalie* (*a* comme dans le premier vers : *Buona pulcella fut Eulalia,* et *e*). Par la suite cette voyelle non accentuée à la finale n'aura plus qu'un seul timbre *e* qui se labialisera peu à peu et aura pour prolongement dans les états de langue ultérieurs l'*e* dit muet.

L'opposition *syllabe finale accentuée / syll. accentuée + syll. inaccentuée* a été mise à profit sur le plan morphologique : c'est d'après ce type que le féminin est marqué par rapport au masculin dans la classe la plus nombreuse d'adjectifs. Les féminins, *presentede, morte,* attestés dans la *Séquence de sainte Eulalie,* correspondent ainsi à des masculins *presenté(t), mort.* La même opposition sert à distinguer l'indicatif présent du subjonctif présent dans un bon nombre de verbes : dans le même texte, *laist* et *arde* (des verbes *laissier* et *ardre* = brûler) se caractérisent comme subjonctifs ; l'indicatif aurait été *laisse, art.*

Le maintien de *s* final a été, lui aussi, d'une grande ressource pour la morphologie. Beaucoup de noms et d'adjectifs masculins avaient conservé une flexion et changeaient de forme suivant leur fonction dans la phrase ainsi que suivant leur nombre grammatical, singulier ou pluriel. Deux fonctions sont ainsi marquées : *sujet* et *régime* (ou complément), ce qui, avec la distinction des nombres, amène à considérer quatre formes. Or *s* final sert souvent à marquer le cas sujet singulier, et plus constamment encore le cas régime pluriel. C'est ainsi qu'a *Deus, meos, Karlus,* cas sujets, s'opposent, dans les *Serments de Strasbourg, Deo, meo, Karlo* ou *Karle,* cas régimes négativement caractérisés. Dans *fu presentede Maximiien (Séquence de sainte Eulalie),* le seul emploi du cas régime suffit pour marquer le rapport que nous exprimons par un complément prépositionnel : fut présentée à Maximien (= fut amenée devant Maximien).

Dans la plupart des noms et adjectifs féminins terminés par -*e,* la flexion liée à la fonction a disparu et il ne reste qu'une opposition fondée sur le nombre, celle qui survivra à cette disparition. L'utilisation morphologique de *s* final ne se borne pas au domaine des substantifs : *s* sert aussi à distinguer la 2ᵉ personne du singulier de la 3ᵉ dans la conjugaison des verbes ; et il est devenu aussi parfois une caractéristique adverbiale. Ces emplois se maintiendront ultérieurement.

Si maintenant nous nous tournons vers le début du mot, nous nous apercevons qu'une tendance très ancienne amène le français à placer devant le verbe ou le substantif à valeur sémantique pleine, des termes grammaticaux inaccentués. C'est ainsi que dans les *Serments de Strasbourg* le pronom personnel faible a trouvé place devant le verbe à un mode personnel : *si io returnar non* L'INT *pois,* « si je ne peux *l'en* détourner ». Parallèlement le substantif sera précédé de déterminants spécifiques. La *Séquence de sainte Eulalie* fait déjà un usage étendu de l'article défini qui apparaît avec une flexion complète au masculin et constitue un moyen supplémentaire de marquer le cas (*li,* cas sujet singulier et pluriel, *lo* cas régime singulier, *les* cas régime pluriel). Le féminin ne varie qu'en nombre *(la, les).* L'article s'emploie devant le nom déterminé : *li* Deo inimi, *les* mals conseilliers (rappelle l'expression précédente), *lo* nom Christiien, *lo* suon element, *li* rex pagiens. Il apparaît aussi lorsque le personnage introduit au début est rappelé par un nom commun : *la* polle, *la* domnizelle, et lorsque l'étendue de la notion ne subit pas de restriction : *les* empedemenz (= les tourments), en*l* fou (= dans le feu), *lo* seule (= le siècle), *la* mort. À ces termes s'oppose, au moins au singulier, l'article indéfini, qui limite la notion à un objet particulier : *ad une spede,* avec une épée. La combinaison qui consiste à faire précéder le terme accentué d'un ou plusieurs termes inaccentués faisant corps avec celui-ci est des plus constantes en français, au lieu que celle qui place le terme inaccentué en position finale est devenue de plus en plus rare et n'a subsisté que sous forme d'enclises lexicalisées en ancien français. Nous en avons un exemple dans la *Séquence de sainte Eulalie, nont* (= *non* + *ent,* négation + pronom *en*). En revanche, la contraction de l'article masculin singulier ou pluriel avec certaines prépositions apparaît dès cette date et devient une règle : *enl* = en le.

Dès les premiers textes sont attestées également quelques innovations dans la conjugaison. Le futur latin n'a pas laissé d'autre trace qu'un paradigme isolé faisant partie de la conjugaison du verbe être (*er,* lat. *ero* = serai, dans les *Serments de Strasbourg*). Une nouvelle formation romane, périphrastique à l'origine, s'est, dès l'époque des premiers textes, constituée en temps simple : elle est à la base des formes *salvarai, prindrai* des *Serments de Strasbourg.* On y reconnaît l'infinitif *(salvar)* où se trouve exprimée la signification du verbe, et le présent du verbe *avoir* dont chaque forme correspond à une personne. Parallèlement à ce futur premier s'est formé un futur second, dont l'exemple le plus ancien se trouve dans la *Séquence de sainte Eulalie : sostendreiet* (soutiendrait). Cette fois à l'infinitif se combinent des caractéristiques d'imparfait et le nouveau paradigme, d'abord appelé optatif par les grammairiens des XVIe et XVIIe siècles, a reçu au XVIIIe le nom devenu traditionnel de conditionnel. Le conditionnel le plus anciennement attesté traduit, au cours d'un récit au passé, la projection dans le futur de la pensée du personnage : « Elle supporterait plutôt (disait-elle) les tourments. »

Le plus ancien français se caractérise en revanche par la conservation d'un plus-que-parfait de l'indicatif, prolongement morphologique du plus-que-parfait latin dont il y aura encore quelques exemples dans la *Vie de saint Alexis,* écrite vers le milieu du XIe siècle : ainsi, dans un récit au passé, *auret* ou *furet,* plus-que-parfaits des verbes « avoir » et « être », peuvent indiquer une antériorité dans la *Séquence de sainte Eulalie,* la *Passion de Clermont,* la *Vie de saint Léger.* Mais des formes verbales composées se sont déjà constituées : elles comportent un auxiliaire à un mode personnel, variant selon la personne et le temps, et un participe passé dont le radical est porteur du sémantisme du verbe. Ces formes sont bien représentées dans le *Sermon sur Jonas,* ex. *aveist odit* (vous avez entendu), *mostret habet* (il a manifesté), etc.

Enfin, le plus ancien français se caractérise par un ordre des mots demeuré différent de celui qui sera en usage dans les autres états de langue. Dans les plus anciens textes, le déterminant, qu'il soit nom ou adjectif, se place volontiers devant le déterminé, l'article, quand il est employé, précédant l'ensemble ; ainsi lit-on, dans nos premiers textes : *pro Deo amur,* pour l'amour de Dieu, *li Deo inimi,* les ennemis de Dieu ; par la suite, si l'adjectif garde la mobilité qu'il laisse apercevoir dans la *Séquence de sainte Eulalie* (*les mals conseilliers* mais *lo non christien*), il n'en sera pas de même pour le complément de nom, et la construction *déterminé-déterminant* deviendra caractéristique du français.

Pour ce qui est de l'ordre des mots dans la phrase, nous voyons apparaître, dès les *Serments de Strasbourg* l'un des usages essentiels de l'ancien français, la postposition du sujet lorsque la phrase ou une reprise importante commence par un régime (complément nominal ou adverbe) :

ex. *si salvarai eo* (dans ces conditions *je* défendrai).

Dans la *Séquence de sainte Eulalie* cette postposition a lieu lorsque l'attribut ou le régime sont placés en tête :

Buona pulcella fut Eulalia

On rapprochera les belles notations de la *Chanson de Roland,* qui, intervenant au milieu des scènes héroïques, sont créatrices d'espace et de profondeur :

> *Halt sunt li pui e tenebrus e grant.*

Dans la *Séquence de sainte Eulalie* l'ordre des mots devenu le plus courant, sujet-verbe-régime, est déjà abondamment représenté :

> *Elle nont eskoltet les mals conseilliers.*

L'accumulation d'archaïsmes fait des *Serments de Strasbourg* un échantillon à part. On pourra mesurer le chemin parcouru entre les tout premiers débuts du français et la langue contemporaine du développement du style gothique, en comparant cette phrase des *Serments* :

> *Si Lodhuuigs sagrament que son fradre Karlo iurat conservat...* (Si Louis respecte le serment qu'il a juré à son frère Charles...),

à cette disposition des termes empruntés à un sermon de Maurice de Sully :

> *Se nos volons conquerre la joie du siecle qui est a venir...*
> L'évêque de Paris n'aurait pu dire à son époque : *Se nos joie du siècle qui a venir est conquerre volons...

L'absence d'article devant un nom que détermine une relative, l'ordre sujet-régime-verbe, qui rappelle une disposition fréquemment représentée en latin, et que souligne l'insertion d'une relative entre le régime et le verbe, donnent à cet énoncé une allure qui deviendra étrangère aux états de langue ultérieurs.

Chapitre II

L'ANCIEN FRANÇAIS (XIIe-XIIIe SIÈCLES)

I. – Le nouvel état de langue

Dans les premières années du XIIe siècle, à l'époque où prend forme l'ancien français et où se compose une œuvre littéraire d'aussi belle ampleur que *La chanson de Roland,* les écoles se multiplient : on se livre en particulier avec fureur, nous dit le chroniqueur Guibert de Nogent, à l'étude de la grammaire, la première des trois sciences de base du *trivium* (préf. des *Gesta*). Guibert désigne par là un enseignement en latin destiné au vaste milieu des clercs, mais qui n'a pu manquer d'avoir un retentissement sur l'expression des milieux qui, alors, donnent le ton. Et si le français n'avait pas encore acquis ses droits comme matière d'enseignement à l'école, la langue parlée dans le nord de la France, et qui est en usage à la cour des rois d'Angleterre, comme à celle des rois de Sicile, d'origine normande, ne cesse d'accroître son prestige. Guibert de Nogent nous conte encore qu'un moine de Barisis, dans le diocèse de Laon, avait amené avec lui pour leur apprendre le français deux jeunes gens qui ne savaient parler que la langue teutonique (*De Vita sua,* III, 5). Nous ne disposons malheureusement, pour cette époque, d'aucun document comparable aux guides de conversation à l'usage des Anglais qui seront intitulés *Manières de langage.*

Les textes, cette fois beaucoup plus nombreux, dont nous disposons pour connaître le nouvel état de langue sont soit des œuvres littéraires ou didactiques, soit des documents d'archives. C'est au début du XIIe siècle que remontent les premiers poèmes en vers rimés qui sont parvenus jusqu'à nous (*Voyage de saint Brendan,* œuvres de Philippe de Thaon). Les poèmes antérieurs étaient en vers syllabiques assonancés, c'est-à-dire caractérisés par le retour de la même voyelle accentuée à la fin d'un nombre donné de syllabes. La plupart des *Chansons de geste* continuent à être composées en *laisses assonancées* de décasyllabes. La *rime* ajoute à la reprise de la dernière voyelle accentuée celle de tous les phonèmes qui la suivent. Les décasyllabes suivants assonent en *i* :

> Li emperer(es) en tint sun chef encl*i*n...
> Quant se redrec(et), mult par out fier lu v*i*s ;
> Dist as messag(es) : « Vus avez mult ben d*i*t »...

« L'empereur garde la tête baissée... Quand enfin il se redressa, son visage était plein de fierté. Il dit aux messagers : "Vous avez très bien parlé" » (*La chanson de Roland,* laisse X, v. 13-143, trad. Bédier). Dans les vers de cette sorte, la *césure épique* consiste à ne pas compter la syllabe muette qui vient après le quatrième pied : ils sont ainsi composés de 4 + 6 syllabes. Ceux-ci, au contraire, tirés du *Jugement de Renart,* où est suggérée l'émotion du roi Noble le Lion qui vient d'être saisi de la plainte de Chanteclerc, sont des octosyllabes à rimes plates, groupés par *couplets* :

> de mautalent dresce la *teste* ;
> puis n'i ot si hardie *beste,*
> ors ne sengler, qui poor n'*ait*
> qant lor sire fremie et *brait.*
>
> (*Le roman de Renart,*
> 1re branche, éd. Roques, v. 369-372.)

Trad. : De colère il dresse la tête ; il n'y eut alors aucun animal assez hardi, que ce soit l'ours ou le sanglier, pour ne pas être saisi de peur, du moment que s'agite et rugit leur seigneur.

On remarquera sans peine, dans ces deux passages, les différences qui tiennent à la versification, comme celles qui tiennent au genre et au ton.

Parallèlement, une prose littéraire se forme et donne bientôt tout son éclat, comme en témoignent les plus belles parties du *Lancelot* en prose, écrites au début du XIIIe siècle. D'autre part les chartes en langue vulgaire, dont les plus anciennes remontent aux alentours de 1200, deviennent de plus en plus fréquentes au XIIIe.

Quelle que soit l'ampleur des mouvements qui se sont succédé au cours de cette période, il est difficile de la subdiviser sans introduire une longue problématique, car beaucoup d'œuvres du XIIe ne nous sont connues que par des manuscrits du XIIIe. Or, avant que l'imprimerie ne nous habitue à des textes qui ont l'avantage d'être, à la date où ils paraissent, uniques, et en principe définitifs, il n'en est jamais de même en ancien français, où un texte, qui n'est qu'une copie entre plusieurs autres, résulte d'une collaboration, celle d'un auteur et d'un copiste. L'auteur compose l'œuvre, mais, dans le domaine de la langue et du vocabulaire, il est admis que le copiste puisse prendre certaines libertés. Intermédiaire entre un modèle et une clientèle pour laquelle il travaille, il ne s'interdit pas d'adapter celui-ci pour en faciliter la compréhension auprès des destinataires.

Quand une œuvre est en vers, on considère que seules les assonances ou les rimes peuvent être mises, avec une probabilité suffisante, au compte du poète ; le reste du vers peut avoir subi des altérations. Quand l'œuvre est en prose, aucune partie du texte ne peut être estimée plus résistante à la critique que les autres. En revanche la contrainte de la rime, qui a parfois provoqué dans le poème l'emploi de termes et de tournures rares ou archaïques, a laissé le prosateur plus libre dans ses choix lexicaux et syntaxiques. Mais qu'il s'agisse de prose ou de vers, les documents sont désormais assez nombreux, assez variés pour que se dégagent des traits propres à chaque catégorie. Et même à l'intérieur de l'une d'entre elles, dans le genre épique par exemple, des usages syntaxiques, des clichés introduits en fonction d'une tradition littéraire seront décelables, et le lecteur moderne se trouvera mieux à même de saisir le travail d'expression, et les ressources que la langue met à la disposition des utilisateurs.

II. – Aspect phonique de la langue

Des changements qui ont lieu entre le milieu du XIe siècle et la fin du XIIIe, on peut retenir quelques traits dominants. Alors qu'aux siècles précédents la poussée la plus vigoureuse avait pour résultat des palatalisations, les enrichissements se font plutôt cette fois dans le domaine de la labialisation. La labio-vélaire la plus fermée, qui avait été palatalisée en *ü,* réapparaît, mais dans des positions différentes, par suite de la fermeture de *o* initial en hiatus, et de *o* entravé. Ainsi, il n'y a plus de [*u*] dans ce qui continue à s'écrire *dur, mur, pur,* mais *torner* devient désormais *tourner, loer* devient *louer* et à *cort* succède [*kur*], écrit *cour*. Quant à la série des palatales arrondies qui avait pris naissance avec le phonème *ü,* elle va se trouver enrichie par la labialisation de [*e*] en syllabe initiale libre (ex. ch*e*val) et la réduction des anciennes diphtongues *ue* et *eu* en *œ*. La série des nasales, amorcée dès le plus ancien français, s'enrichit à son tour : *o* se nasalise au XIIe siècle, *i* et *ü* commencent à se nasaliser au siècle suivant. Si les séries de voyelles pures se complètent, le nombre des diphtongues décroît sensiblement : elles se réduisent tantôt à un groupe *semi-consonne + voyelle,* tantôt à des voyelles simples. Les produits des deux premières diphtongaisons *ie* et *ue* ont eu pour résultats, l'un un groupe *ié,* l'autre la voyelle *œ*. Il en est de même des produits des diphtongaisons suivantes : *oi* n'est plus qu'une orthographe traditionnelle pour *wè,* dont le deuxième élément peut, dès le XIIIᵉ siècle, s'ouvrir en *a*, à moins que le produit, *è,* ne soit plus diphtongué ; *eu,* comme *ue,* s'est réduit à *œ* ; *ai* se maintient dans la graphie mais correspond en fait, depuis la fin du XIᵉ siècle, à *e*. La plupart des diphtongues fournies par l'état de langue précédent se sont donc réduites en ancien français, jusqu'à ce qu'il ne reste plus que la diphtongue *au*, combinaison de *a* et de *l* vocalisé.

Dans le domaine consonantique les changements importants touchent la série des fricatives, dont le nombre s'était accru aux siècles précédents. Cette série s'allège, dès le XIᵉ siècle, des phonèmes qui correspondent respectivement à *th* anglais dur ou doux et n'étaient pas entrés dans un jeu d'opposition suffisamment net. Comme la syllabation, liée à la physionomie du mot, est demeurée stable, cette disparition a accru sensiblement le nombre des hiatus intérieurs. Mais la portée de ce mouvement a été limitée : dès le XIIIᵉ siècle la tendance à réduire certains de ces hiatus s'observera, alors qu'il ne s'en créera pas de nouveaux (ex. *veoir* > *voir*). Plus solides ont été les affriquées *tch* et *dj* qui n'étaient pas liées à un type de position unique dans le mot : elles subsistent sous la forme réduite *ch* et *j* à partir de la fin du XIIᵉ siècle. Parallèlement *ts* et *dz,* perdant leur élément dental, s'étaient confondus avec les sifflantes *s* et *z* : dès lors *cent* s'est prononcé comme *sent, ceint* comme l'adjectif *saint,* etc.

Enfin, de nombreuses consonnes s'étaient assimilées ou amuïes devant une autre consonne. Les plus résistantes avaient été les nasales, la vibrante *r* et les sifflantes. Or les sifflantes, d'abord la variante sonore (XIᵉ siècle), puis la sourde (XIIᵉ) s'amuïssent à leur tour, ex. *asne* (auj. âne), *teste* (tête), etc. La voyelle précédente a subi, dans ce cas, un allongement qui a légitimé le maintien de *s* dans la graphie. L'amuïssement ayant eu lieu après l'implantation des Normands en Angleterre, *s* s'est maintenu jusqu'à nos jours dans les mots français les plus anciennement introduits, ex. *forest, tempest* en face de fr. *forêt, tempête.* D'autre part, *l* s'était nasalisé en *u* devant consonne. La conséquence de tous ces faits a été la simplification d'un grand nombre de groupes consonantiques : voyelles pures, consonnes simples, tel paraît être l'aboutissement auquel tend l'ancien français.

III. – L'orthographe de l'ancien français

À l'époque précédente les clercs avaient adapté, à une langue détachée du latin, un système graphique qui n'avait pas été conçu pour elle. Or les changements phonétiques qui ont lieu en ancien français ne font qu'accentuer le divorce entre écriture et prononciation. Un seul d'entre eux reçoit systématiquement une consécration graphique : la disparition de *dh* et de *th*. Dans les autres cas on multiplie les combinaisons de signes, et le nombre des polyvalences s'accroît. La série des palatales arrondies qui venait de se constituer est représentée par le signe *u* (ex. mur) et par les digrammes *ue* et *eu*, anciennes diphtongues désormais réduites à une voyelle simple : *cuer* (cœur), *leur,* etc. La réapparition de la vélaire [*u*] exige l'introduction d'un nouveau signe puisque l'ancien représentait désormais un autre son. Comme *o* + [*u*] résultant de *l* vocalisé s'était réduit à [*u*], les clercs empruntèrent ce digramme pour marquer la voyelle simple : ex. DOUZ < *dulce*. Longtemps après la vocalisation de *l*, le signe ancien figure dans la graphie, et c'est grâce à sa position antéconsonantique qu'il peut être correctement interprété : *dolz* ou *douz*. *Ai* n'existe plus comme diphtongue, mais le digramme existe concurremment avec *e* pour marquer un *e* ouvert. Dès le XIIIe siècle l'ancienne diphtongue *oi,* après avoir abouti à *wè,* tend à se prononcer *wa* ou à se réduire à *è* (ex. *cortoasie, Englais*) : quelle que soit l'évolution de la prononciation, le graphisme auquel elle correspondait primitivement peut se maintenir. Aux voyelles nasalisées n'ont pas correspondu de marques particulières stables : elles se reconnaissent soit à un *tilde* emprunté aux manuscrits latins (ex. *ã*), soit seulement par leur position devant la consonne nasale. On prend de plus en plus l'habitude de doubler la consonne quand celle-ci commence une syllabe, d'où les graphies *homme, pomme,* etc.

Dans les deux vers suivants du *Roman de la Rose* (éd. Lecoy, v. 575-576), le copiste ne recherche visiblement pas à créer une corrélation entre phonème et graphisme, ni même à aider, par une systématisation orthographique, la reconnaissance d'un suffixe :

> Je l'en mercïé boneme*n*t
> et si li demand*ai* coma*n*t...

La première personne du passé simple se termine par *e* ou par *ai,* le suffixe adverbial *ment* prend un *e* ou un *a* ; et il faut ajouter à *e, ai,* un troisième signe équivalent *ei,* comme le montrent les rimes *pleire : retraire* (*ibid.,* 307-308), *demoiseile : bele* (1215-1216). Les copistes des textes d'archives ne font pas preuve de moins de liberté, et il arrive fréquemment que le même mot soit écrit de façon différente à peu d'intervalle, parfois même au cours de la même ligne, ex. *tiex, tex, teix* (L. Carolus-Barré, *Les plus anciennes chartes de langue française,* t. I, 126, 10).

Dans le domaine consonantique, *c* est le signe dont la polyvalence est la plus gênante. La cédille n'a pas encore pénétré dans les traditions orthographiques de la France du Nord ; aussi la même lettre peut-elle avoir la valeur d'une sifflante, même devant une voyelle vélaire (*ço* écrit *co),* tandis que parfois devant *e* elle se trouve avoir la valeur de *k,* ex. *aveces, aveques (ibid.)* ; à cela s'ajoute en picard la possibilité de lire *c* comme s'il y avait une chuintante, étant donné les particularités de ce dialecte (ex. *ce* démonstratif alternant avec *che*).

Le lecteur doit donc affronter des images graphiques mouvantes. L'orthographe a tendance à s'encombrer de plus en plus d'éléments parasites du fait que la prononciation, en se modifiant, n'entraîne pas du même coup une modification du graphisme correspondant, mais se marque facultativement par de nouveaux signes employés concurremment avec les précédents. Les éditeurs modernes facilitent la lecture des anciens textes par l'introduction de cédilles, d'accents, de trémas, conformément à des règles progressivement établies au début du XXe siècle, enfin d'une ponctuation dont ils prennent la responsabilité. D'autre part on tend à marquer l'opposition entre notre orthographe *fixée,* et la façon d'écrire médiévale, en appliquant à celle-ci le terme de graphie. Cependant il n'est que de considérer le *corpus* des œuvres de Chrétien de Troyes dans la copie de Guiot pour s'apercevoir que, dans des limites données, il existe des habitudes graphiques. Il serait plus juste d'opposer à notre orthographe unique, fixée, *des* orthographes médiévales dont la multiplicité tient à divers facteurs : traditions d'écoles et d'ateliers, nature des ouvrages et du public.

IV. – **Les dialectes**

Jusqu'ici il n'avait été question que d'une langue d'*oïl* qui était désormais différenciée de la langue d'*oc* : les *Serments de Strasbourg* correspondaient à la codification d'un état de langue tel qu'il est impossible de dire si certains traits comme les infinitifs *salvar, returnar,* doivent être rapportés au francoprovençal, ou à un français du nord d'orthographe archaïque. Les textes postérieurs laissent moins de doute sur leur appartenance linguistique, non seulement en raison des critères externes comme c'est le cas pour ceux qui proviennent de l'abbaye de Saint-Amand, mais parce que des traits, appartenant en propre à l'un ou à l'autre domaine, ne peuvent échapper à l'examen ; des traits provençaux figurent encore dans la *Passion de Clermont,* mais comme certaines assonances s'expliquent de façon plus satisfaisante par une provenance du pays d'oïl, il peut s'agir d'adaptations dues à un copiste ; par la suite les deux domaines développent séparément leurs tendances, et les influences s'exerceront de littérature à littérature, sans que soit recherché sur le terrain linguistique le biais de formules composites.

Mais une nouvelle dissociation se manifeste à l'intérieur de la langue d'oïl. Elle ne saurait être comparée à la précédente. Ce n'est pas une différence de langue. Des variantes phonétiques et morphologiques s'introduisent sur le fond linguistique commun. Elles caractérisent des dialectes qui se répartissent dans les groupes suivants : groupe de l'Ouest (normand, anglo-normand), du Nord-Est (picard, wallon), de l'Est (lorrain, bourguignon), du Centre. Ces appellations et ces groupements sont commodes mais artificiels : ils reposent sur une tentative pour faire coïncider limites dialectales et limites administratives ou géographiques. Le maintien de *k* devant un *a* primitif est commun au picard et au normand : c'est ainsi que la toponymie de la France du Nord comporte des *Cateaux* (lat. *castellum,* fr. *château*), des *Quesnes* (fr. *chênes),* d'où le dérivé *Quesnoy* au lieu de *Chênaie,* et que le nom de *Caen* provient du gaul. *Catomagus* ; en picard et en wallon *femme* et *dame, fent* et *enfant* ne peuvent rimer en principe parce que *e* + nasale continue à se prononcer comme en fr. mod. *in.*

Si l'on en juge par les textes littéraires qui sont parvenus jusqu'à nous, au XIIe siècle prédomine un *franco-normand,* au XIIIe un *franco-picard.* Cependant ce n'est ni le normand ni le picard qui sont devenus le français. On donne quelquefois le *dialecte francien* comme l'ancêtre de celui-ci. L'innovation de ce terme, chez les romanistes de la fin du XIXe siècle, a le défaut de présenter le français comme le résultat de l'expansion d'un dialecte particulier. Or l'existence d'un tel dialecte n'a jamais été reconnue au Moyen Âge. En réalité les pays de langue d'oïl ont été soumis très tôt à l'influence unifiante de Paris, centre politique dont le rayonnement intellectuel ne cessera de s'accroître aux XIIe et XIIIe siècles. C'est là que se confirme l'élaboration d'une langue commune, et que le tri s'opère entre des emprunts de provenances diverses. Aux portes de Paris le paysan use d'un parler qui lui permet de se faire comprendre dans son milieu et qui peut être teinté de picard, de normand, de champenois. À l'intérieur de la capitale il existe sans aucun doute des couches de populations ayant peu d'ouvertures sur le monde cultivé ; à cette époque comme de nos jours, on pouvait entendre dans la grande ville l'accent de nombre de provinces et toute sorte de langues techniques et particulières. Le français ne provient en droite ligne ni du parler paysan ni de ceux qui étaient en usage dans les milieux incultes. Ce qui correspond à la prise de conscience médiévale, c'est le constat d'existence d'une langue qu'on appelle alors le *françois,* pour nous l'ancien français commun. Les dames de la Cour du roi Artus nous sont présentées par le poète champenois du XIIe siècle, Chrétien de Troyes, comme « bien parlant en langue françoise » (*Le chevalier de la charette,* éd. Roques, v. 40). Dans un texte du siècle suivant, la fille d'un bourgeois, âgée d'une quinzaine d'années, a pour elle la beauté physique, la courtoisie, la valeur, mais en outre elle est « bien chantans / et bien aprise de romanz » (*Vie des Pères,* conte 24, v. 105-106). Elle s'exprime avec aisance en français ; c'est là l'une des qualités d'une personne de son milieu qui a reçu une bonne éducation.

Si le français s'élabore à Paris, il sert déjà aux échanges entre gens cultivés du domaine d'oïl. Les provinciaux s'excusent des écarts qui les singularisent et diminuent la valeur de leur expression. Conon de Béthune exprime son mécontentement d'avoir été blâmé à la Cour devant les Champenois : sans doute a-t-il dit « moz d'Arras », mais sa parole pouvait être comprise « en françois ».

Toutefois la langue écrite médiévale admet, plus largement qu'aux époques suivantes, des divergences dialectales. Celles-ci, plus ou moins nombreuses selon que les copistes, en fonction de leur clientèle ou de leurs propres habitudes, ont jugé bon d'en introduire, ne doivent pas faire oublier que la masse principale du texte appartient à la langue commune de tout le domaine d'oïl. Prenons quelques vers du *Jeu de la feuillée* : la scène se passe à Arras, les personnages, comme l'auteur, sont des habitants de la ville ; il y est fait allusion à des faits divers ; on ne saurait trouver œuvre littéraire mieux localisée que celle-là. Si maintenant nous considérons le détail de l'unique manuscrit qui nous donne le texte intégral et qui est dit picard, nous nous apercevons que les formes spécifiquement dialectales ne sont pas aussi nombreuses qu'on aurait pu s'y attendre, qu'elles sont instables et disséminées. Gillot le Petit reconnaît, comme tout le monde aurait pu le faire en France, que la vie est chère à Paris :

> Or li donnés dont de l'argent !
> Pour nient n'est on mie a Paris.

Et l'avarice de maître Henri, père du poète Adam de La Halle, n'a pas besoin de couleur locale pour se traduire dans sa réponse :

> Las ! Dolans ! Ou seroit-il pris ?

(v. 186-188.)

Rien de comparable en cela aux textes systématiquement patoisés qui paraîtront à partir du XVIIe siècle, où des tournures caractéristiques seront recherchées, cultivées et deviendront constitutives du genre. Ici, une simple teinte dialectale admise par la langue régionale, qui contribue peut-être à la saveur de certains traits, mais qui ne semble pas avoir été recherchée. Dans le *Jeu de Robin et Marion,* du même auteur, l'élément dialectal est encore plus discret : cette pastorale fait se rencontrer bergères et bergers dont la vie paisible est, à deux reprises, troublée par la venue d'un chevalier. Or, existe-t-il un terme dialectal pour dire un *chevalier* ? une *dame* ? *l'amour* qu'ils se vouent l'un à l'autre ? On remarque donc que l'importance de l'élément dialectal dépend du choix que fait l'auteur en fonction du genre littéraire qu'il adopte, et, plus ou moins consciemment, du public auquel il s'adresse.

Les chartes en langue vulgaire ne sont pas plus riches de particularités de cet ordre que les œuvres littéraires. Elles sont transcrites dans une langue de chancellerie conventionnelle qui a reçu depuis quelques années le nom de *scripta* : on parle ainsi d'une *scripta* franco-picarde, qui s'est constituée au XIIIe siècle, s'est maintenue jusqu'au XVe, époque où elle s'est désagrégée pour ne plus survivre qu'à l'état de traces au XVIe. Une nouvelle prise de conscience de l'unité de la langue imposera du recul aux faits dialectaux, devenus un peu plus particuliers et marginaux, ce qui ne signifie nullement dénués d'intérêt, tandis que la multiplicité formelle, que provoquait leur admission limitée, ne sera plus compatible avec les exigences socio-linguistiques des siècles suivants.

V. – **Morpho-syntaxe de l'ancien français**

On caractérise souvent l'ancien français par l'existence d'une déclinaison nominale ; on s'attache en même temps à reconnaître que celle-ci donne des signes de faiblesse dès le XIIe siècle, notamment à l'ouest. D'abord, dès le plus ancien français, beaucoup de noms féminins n'ont pas de flexion, ainsi qu'un petit nombre de noms masculins terminés par *s*, ex. *cor(p)s*. Ces derniers peuvent néanmoins retrouver la marque fonctionnelle qui leur manque par le biais de l'article quand il est employé, ou d'un autre déterminant spécifique, démonstratif du type *cil* ou *cist,* possessif de la série faible *(mes / mon / mi)* ou forte *(miens / mien)*. Fait plus grave : les consonnes finales sont frappées de faiblesse, notamment devant une autre consonne ; la marque flexionnelle la plus courante, *s* (type I), risque ainsi de devenir inopérante. Il reste les noms provenant d'imparisyllabiques latins où le système flexionnel repose sur le vocalisme et la syllabation (II) : mais ils ne constituent qu'une partie restreinte du vocabulaire, qui, au surplus, ne s'enrichit pas :

A) MASCULIN	*singulier*		*pluriel*	
	Type I	Type II	Type I	Type II
Sujet	(li) *murs*	ber	(li) *mur*	baron
Régime	(le) *mur*	baron	(les) *murs*	barons

B) FÉMININ	*singulier*		*pluriel*	
	Type I	*Type II*		
Sujet	(la) *dame*	suer	(les) *dames, serors*	
Régime		seror		

On peut dire en gros que la déclinaison nominale est devenue surtout orthographique, et qu'elle ne constitue qu'un appoint pour la reconnaissance de la fonction du mot dans la phrase.

En réalité les fonctions s'éclairent généralement par le jeu combiné des rapports de sens entre verbe et sujet ou objet, et grâce au retour fréquent de deux ordres des mots privilégiés dans les phrases non interrogatives : sujet-verbe-régime et régime-verbe-sujet, le régime pouvant être soit un complément, prépositionnel ou non, soit un adverbe conjonctif. Dans une phrase telle que *et au parcheoir brise li glaives* (*La mort du roi Artus,* éd. Frappier, § 19, 32-33) l'ordre des mots fait attendre après *brise* le sujet, mais comme ce verbe peut être employé transitivement (*briset les os, Rol.,* v. 1200) ou intransitivement, la forme *li glaives* confirme que le sens est « la lance se brise » et non « il (Lancelot) brise la lance » : les cas où la flexion contribue à tel point à déterminer le sens sont en fait extrêmement rares. L'ordre *sujet-régime nominal-verbe* ne se trouve guère que dans les relatives, dont le premier élément est généralement marqué *(qui / que)*. L'ordre *sujet - régime pronominal - verbe* est de règle quand le pronom est à la forme faible, mais sauf aux 1re et 2e personnes du pluriel *(nos, vos),* ce régime est marqué *(me, te, se, le, lui, leur)* et n'introduit par conséquent aucun élément d'obscurité dans les relations fondamentales qui structurent la phrase simple. Un ordre des mots tend à se fixer aussi dans le groupe *déterminé-déterminant* ; un cas régime non prépositionnel peut alors suffire quand le second désigne une personne, ex. *la cort le roi,* et la marque se réduit à la flexion, et à la position en second lieu.

Le respect de la déclinaison nominale est surtout l'affaire du copiste. Dans la *Prise d'Orange* (poème du

XIIe siècle, mais que nous connaissons par des copies du XIIIe, éd. Régnier), la marque de la flexion est oubliée le moins souvent lorsque le sujet est placé devant le verbe et accompagné de l'article. Autrement dit, elle ne fait que confirmer une fonction qui ressort clairement dès l'attaque de la phrase ; d'autre part le groupe *article* + *nom* cumule les marques, au lieu que le nom isolé en est plus volontiers dépourvu, ce qui prouve la faible contribution de celles-ci à la clarté de l'ensemble. L'emploi du cas sujet parait donc obéir à un mécanisme sans rapport avec les exigences réelles de la langue d'alors.

La déclinaison s'étend aux adjectifs : ils se répartissent en deux séries dont la première comporte des masculins qui se déclinent sur le type *murs*, et des féminins en *e* final qui ne se déclinent pas *(bons, bone)*, tandis que dans la seconde le genre n'est pas marqué (adj. *épicènes*), parce que ces adjectifs constituent le prolongement d'un type latin à formes communes pour les deux genres *(fort, grant* de lat. *fortis, grandis)*. Ainsi, dans les adverbes en *ment* tirés de l'adjectif féminin, le suffixe n'est pas précédé de *e* si l'adjectif est épicène : *forment*, en face de *bonement*.

Dans la catégorie des adjectifs épicènes se rangeaient les derniers comparatifs « synthétiques » hérités du latin : *graindre-greignor, meindre-menor, mieldre-meillor, pire-peior*. Ces formations sont de plus en plus isolées par suite du développement d'un mode d'expression analytique, le recours à l'adverbe *plus (plus grand, plus petit)*. Ainsi se marquent de façon parallèle les comparatifs de supériorité *(plus)*, d'infériorité *(moins)*, d'égalité *(aussi... com)*. La plus solide des formations synthétiques, *meilleur*, est, pour le sens, un comparatif correspondant à *bon*, mais c'est un terme tout différent morphologiquement qui s'est lexicalisé avec cette valeur, et un tel rapport entre deux formes est devenu exceptionnel.

Les anciens superlatifs synthétiques ont été encore plus radicalement atteints ; le suffixe qui les caractérisait n'a subsisté que rarement, et, en général, dans un contexte religieux, sous la forme mi-savante *isme (grandisme)*. L'ancien français recourt à toute une série d'intensifs : *mout,* le plus fréquent, mais aussi *asez, par, trop. Très,* qui trouva d'abord ses emplois les plus fréquents dans les locutions *très bien,* et *trestot,* connaît, à partir du XIIIe siècle et surtout en moyen français, un grand développement : il a d'emblée le statut d'un élément préfixé et le groupe qu'il forme avec l'adjectif ou l'adverbe est souvent écrit en un seul mot, au lieu que les intensifs de la série précédente ont une plus grande mobilité. Toute une série de termes exprimant le degré tendent ainsi à se placer devant l'adjectif.

La conjugaison comporte des variantes dans le radical, ou des marques désinentielles, et parfois les deux. Dans les modes personnels, les personnes sont plus nettement caractérisées par les marques désinentielles que dans les états de langue ultérieurs, si bien que l'absence du pronom sujet est souvent sans conséquence sur la clarté de l'expression : on l'omet quand la phrase commence par un régime et souvent lorsque la tournure est impersonnelle.

La conjugaison repose sur une opposition entre formes fortes ou accentuées sur le radical, et formes faibles, accentuées sur la terminaison. Cette opposition se manifeste dans bon nombre de verbes par des alternances vocaliques dont quelques-unes subsistent, en tout ou en partie, ex. *il doit / nous devons, il meurt / nous mourons, il sait / nous savons,* etc. Compte non tenu du passé simple et des modes impersonnels, les formes fortes sont au nombre de neuf : les 3 personnes du singulier et la 3e du pluriel de l'indicatif et du subjonctif présents, la 2e personne du singulier de l'impératif. Voici quelques-unes des alternances de l'ancien français : *a / ai* + m : *aime / amons, claime / clamons* (cf. le nom postverbal *claim*, à côté de *clameur*) ; *a / e paroir*, cf. fr. mod. il appert ; *e / ie* : *crever, ferir* ; dans *tenir, venir*, le vocalisme radical est nasalisé ; *cheoir* succède à un ancien *chaoir* et se range à son tour dans ce groupe ; *e / oi :* *esfreer, esperer* d'où les postverbaux *effroi, espoir* ; *o / eu :* *honorer, plorer* (cf. *pleur*) ; *o / ue* (par la suite *eu*) : *demorer, doloir* (cf. *demeure, duel* puis *deuil*). Pour quelques verbes les formes fortes se subdivisent en deux séries ; l'une apparaît à la première personne de l'indicatif présent ainsi qu'au subjonctif (ex. je *puis / je puisse* en face de *il puet* = il peut). À ces alternances vocaliques s'ajoutent quelques exemples isolés d'opposition *degré plein / degré zéro*, ex. *mangier / manjue, parler / parole*. Sont sans alternances les verbes où la voyelle radicale avait été entravée soit par un groupe consonantique encore sensible *(ardre, entrer)*, soit par une consonne géminée réduite en ancien français *(batre, apeler)*, soit parce que l'unification vocalique s'est faite dès les débuts de la langue *(saillir, valoir)*. Elle s'est poursuivie par la suite comme le montrent les formes *il aime / nous aimons, il trouve / nous trouvons*.

Les formes faibles du radical entrent dans la construction de paradigmes dont les terminaisons se sont unifiées pour tous les types de verbes : c'est le cas des imparfaits (radical faible + *oie, oies, oit, iiens, iiez, oient*, sauf survivances dialectales), des participes présents *(ibid.* + *ant, anz)*, de la plupart des futurs et conditionnels dérivés de l'infinitif qui le plus souvent comporte un radical faible, de la plupart des infinitifs et des participes passés. Si, en général, les modes impersonnels se forment au moyen du radical faible suivi de la terminaison (*er, ir, oir* pour l'infinitif ; *é, i, u*, pour le participe passé), on observe quelques survivances d'infinitifs et de participes pourvus du radical fort (ex. infin. en *re*, part. passé des verbes en *aindre*, *eindre*). Le verbe *faire* a même entraîné *plaire* et *taire*, qui ont succédé à *plaisir, taisir*.

Dans cet ensemble le passé simple reste à part. Les marques constituent ici une bigarrure où se côtoient des passés simples dits *forts*, qui comportent trois formes fortes à vocalisme *i* ou *o* (1re, 3e pers. du sg., 3e du pl.) et des passés simples faibles qui se répartissent eux-mêmes selon 3 types *ai (as, a), i* et *u*. L'imparfait du subjonctif est constamment en rapport avec les formes faibles de passé simple : à *ai, as, a* correspondent dans ce registre *asse, asses, ast*, à *i* et *u, isse* et *usse*. Ce temps est loin d'avoir développé la même complexité de formes que le passé simple. Le vocalisme du participe passé est parfois en rapport avec celui du passé simple, ex. *mis, pris*, d'après *il mist, il prist*.

À côté de ces temps simples s'étaient créés des temps composés ; ils seront doublés à leur tour, dès le moyen français, de temps surcomposés, qui sont dans la logique du système verbal français, mais qui n'ont connu qu'un développement limité dans la langue écrite. À la voix active, l'aspect composé va souvent de pair avec la valeur d'achèvement. Toutefois on note dès l'ancien français une concurrence entre le passé simple et le passé composé : le temps grammatical est un complexe où le temps proprement dit et la phase du procès ne dégagent leur prédominance qu'à la faveur du contexte. D'autre part la cohésion du groupe *auxiliaire-participe* s'est renforcée : aux débuts de la langue, le complément d'objet était fréquemment inséré entre ces deux éléments, et l'accord du participe se faisait en général avec ce complément : l'ordre des mots *il a pris l'épée* tend à l'emporter sur le plus ancien *il a l'espée prise*.

L'un des temps composés du subjonctif, le plus-que-parfait, devient à partir du XIIIe siècle le temps employé sans risque d'équivoque dans les phrases hypothétiques orientées vers le passé (cf. fr. class. *c'eût été*). En pareil cas l'ancien français avait hérité du latin un type de phrase en subjonctif pur dont la protase introduite, par *se,* était suivie du subjonctif imparfait, tandis que le même temps était repris dans la principale ou apodose. *Se je le seusce ou trover, je ne l'eusce ore mie a querre,* dit Aucassin à la recherche de Nicolette (= si je savais où la trouver, je n'aurais pas à la chercher en ce moment). La langue, à son tour, avait innové un second type de phrase quand l'hypothèse était orientée vers le futur : il consistait à employer l'imparfait de l'indicatif dans la protase, le conditionnel dans l'apodose : « *Se vos peres le savoit,* déclare à Aucassin le vicomte qui tient dans sa prison Nicolette..., *vos meïsmes porriés avoir toute paor.* » Ce qui revient à dire : « Si votre père le savait (= que vous parlez à Nicolette), vous pourriez trembler de tous vos membres ! » (*ibid.,* VII, 40). À partir du XIIIe siècle l'opposition majeure tend donc à se faire, sur le plan temporel, entre un type à subjonctif pur, de forme composée, d'architecture parallèle au type primitif, traduisant l'orientation vers le passé, et le type à deux temps simples, traduisant l'orientation vers le futur. Quant au subjonctif imparfait, délié de strictes références temporelles, il a tendance désormais à ne plus marquer que l'hypothèse pure, et se maintient surtout lorsque les verbes appartiennent au petit groupe dit *réfractaire* (avoir, être, devoir, pouvoir, savoir ; cf. fût-ce, dût-il). L'orientation vers le présent que ce temps pouvait marquer a trouvé sa traduction dans le *second type* de phrases à temps simples.

VI. – **Le vocabulaire**

Si on fait le départ entre termes grammaticaux et termes à sémantisme plein, on a tôt fait de s'apercevoir que la masse des premiers (articles, pronoms, etc.) est constituée par ce qu'a retenu du latin la langue romane à ses débuts. Le vieux fonds lexical roman prédomine aussi dans les plus anciens textes : déjà se décèlent toutefois quelques termes savants ; ce sont des emprunts faits au latin après les grands bouleversements qui ont déterminé la fragmentation de la Romania, et qui, par conséquent, conservent plus fidèlement la physionomie de l'étymon que le terme du vieux fonds : *août* ne rappelle *augustum* que moyennant la reconstitution de formes intermédiaires telles que *agosto, aosto ;* la formation savante, *auguste,* n'oblige pas à tant de recours.

Dès la *Séquence de sainte Eulalie* sont attestés les mots *diaule* et *figure,* emprunts dont le caractère savant est reconnaissable à ce que, pour l'un, le groupe *di* + voyelle avait disparu du vieux fonds (il suffit de songer à *diurnum > jorn,* puis *jour*), tandis que, pour l'autre, la vélaire *g* ne s'était pas conservée devant *u*. Ces emprunts sont donc intéressants à double titre, celui d'un enrichissement lexical, notamment en ce qui a trait aux notions abstraites, ensuite celui d'une réintroduction de groupes de phonèmes disparus (ex. *st* dans *station* en face de *estat*). Dans l'*Alexis* (XIe siècle) on note une vingtaine de mots savants parmi lesquels *grabaton* pour lequel s'est appliqué le principe d'accentuation du français sur la syllabe finale conservée, sans aucun souci de la place de l'accent dans l'étymon : *grabatum* a ainsi donné *grabat* et *grabaton*. Dans les œuvres des XIIe et XIIIe siècles sont attestées de plus en plus nombreuses les entrées dans la langue de mots savants. Au lieu que le vieux fonds roman n'offre au renouvellement du vocabulaire que des bases de formation (radicaux, préfixes, suffixes, modes de composition), l'ancien français a trouvé dans cette voie le remède habituel aux insuffisances du lexique. Les diverses adaptations tentées à l'occasion de ces emprunts sont d'un grand intérêt pour l'étude historique du lexique et celle des structures phoniques de la langue.

Le double procédé de formation ne diversifie pas seulement le vocabulaire. Aux préfixes et suffixes entrés dès l'origine dans la langue s'en ajoutent d'autres qui, reformés d'après le latin, apparaissent ainsi d'une façon moins profondément modifiée (ex. *aison / ation, eur / ateur*). Pour les suffixes, la langue avait été amenée à ne retenir que ceux qui étaient accentués, par suite de l'affaiblissement des syllabes finales : suffixe et position accentuée sont donc liés en ancien français. Le jeu des emprunts successifs va enrichir considérablement le nombre de ces formations. Le seul suffixe latin *itia* a, suivant le traitement reçu par la voyelle *i-*, des aboutissements divers : *oise (prooise,* fr. mod. prouesse), *-ece, -esse (richece), -ise (couardise), -ice (malice)*. Au début ces suffixes s'emploient de façon assez libre pour que la langue écrite ne fasse de choix strict ni ne crée d'opposition nette entre des formations parallèles de même radical : il en va sur ce point comme de l'orthographe qui n'est pas fixée ; ce que la langue met à la disposition de l'usager, ce sont des suffixes et des modes de formation. Par la suite, on aura tendance à retenir l'un des produits fermement lexicalisés et à exclure la possibilité de combinaisons à éléments interchangeables. À côté de *folie,* terme déjà courant, on peut lire, entre autres, le masculin *folage,* le féminin *foleté,* à côté de *richesse, richeté,* etc. Dès l'ancien français les suffixes caractérisent une partie du discours et correspondent à un genre grammatical plutôt qu'ils n'indiquent un sémantisme précis : exceptionnellement le rapport entre un nom de plante signifié par le radical et une terminaison féminine *-oie, -aie* confère au suffixe le sens de plantation ou collection de végétaux *(cerisaie, saussaie)* ; mais on sera bien gêné de conférer une valeur sémantique à *-ée* qui apparaît dans *journée,* *denrée,* aussi bien que dans une série de formations où cette terminaison, ajoutée à un radical indiquant une partie du corps, signifie un coup donné à cet endroit : *collée* (sur le cou), *dossée* (sur le dos), etc. En revanche -*able* sert à former des adjectifs généralement dérivés de verbes dont ils tiennent soit une valeur active (*secourable* = qui secourt), soit une valeur passive (désirable) ; *age* sert à former des noms masculins après avoir été utilisé aussi pour les adjectifs *(sauvage, volage),* etc. Parfois un dérivé suffixal *(clamour)* coexiste avec un postverbal *(claim,* de *il claime* du verbe *clamer).*

Quant aux préfixes, l'état de langue primitif a admis l'existence d'éléments séparables et accentués, ce qui a amené des alternances vocaliques comme pour *tres (trespasser)* en face de *tra (traverser),* à quoi s'ajoute une forme savante qui reproduit le modèle latin *trans (transmettre).* Par la suite, la diversité des formes préfixales tiendra au traitement plus ou moins savant : ainsi se différencieront peu à peu deux verbes, *induire* et *enduire,* ce dernier ayant primitivement le sens d'*inciter,* aussi bien que celui d'*appliquer un enduit.* L'ancien français a donc puisé dans le fonds roman de nombreux modes et éléments de formation et s'est volontiers accommodé d'une polyvalence formelle, aussi bien que d'une multiplicité de formes équivalentes.

À mesure que les documents écrits se diversifient, un autre fonds lexical apparaît, celui qu'ont introduit les peuples germaniques, et en particulier les Francs implantés en Gaule à partir du Ve siècle. Deux traits phoniques rendaient reconnaissable dans un terme l'origine ou l'influence germanique : la présence à l'initiale d'une bilabiale *w* ou d'un *h* aspiré. Si le second s'est maintenu assez longtemps pour provoquer une opposition entre voyelle protégée et voyelle soumise à la liaison *(les hauts / les eaux),* le premier n'a subsisté tel quel que dialectalement dans le Nord et l'Est ; au centre du domaine d'oïl, le groupe *gw* s'est substitué à *w,* qui n'existait plus qu'en combinaison (*kw* initial dans *quartu, quart*). Ainsi de *wisa* a été tiré *guise,* de *Wil-helm* Guillaume, etc.

Si le fonds roman a été mis à profit presque exclusivement dans ce qui touche à la grammaire, les ressources du fonds germanique l'ont complété en matière lexicale. Quelques suffixes d'origine germanique sont très fréquents : les ethniques en *-ais / -ois* (français, danois, etc.) du germ. *isk, -ard, -aud* n'ont cessé d'être productifs. Dans quelques domaines les structures lexicales germaniques étaient plus riches ou mieux adaptées au découpage notionnel des Gallo-Romans du nord : pour les noms de couleur, les éléments de la palette germanique ont été à plusieurs reprises préférés à ceux que fournissait le latin *(blanc, bleu, gris).* Pour beaucoup de notions on disposait, grâce à ces deux fonds, de quasi-synonymes, les uns provenant du latin, les autres du germanique, et c'étaient tantôt les premiers, tantôt les seconds qui étaient familiers aux interlocuteurs. Cette situation a peut-être contribué à susciter la prédilection que l'on constate pour le *groupe binaire* en ancien français. Ce groupe, quand il ne tient pas lieu seulement d'intensif, apporte un surplus d'information qui aide à lever les incertitudes dues à la polysémie ou à l'homonymie. Soit l'adjectif d'origine germanique *haitié* : le sens peut porter sur le bon état physique, aussi bien que sur le bon moral de la personne. S'il figure dans le groupe *sain et haitié,* le lecteur sera plutôt orienté vers la première acception, alors que *lié et haitié* l'amènera à préférer la seconde ; dans les deux cas, le terme d'origine germanique suggère volontiers un entrain et une bonne humeur que n'indique pas nécessairement l'adjectif tiré du latin, qui précède.

En général, la part qui revient au contexte pour dégager un sens est souvent plus considérable en ancien français que dans les états de langue postérieurs. Beaucoup de mots n'ont pas une signification aussi précise que les correspondants modernes auxquels on a recours pour les traduire, et attendent le secours du terme auquel ils sont alliés, ou de l'antonyme auquel on les oppose explicitement, ou des circonstances qui ont motivé leur emploi, pour que le sens soit définitivement déterminé. Bien des mots de civilisation ne notent d'emblée qu'une conformité à un idéal moral et social, ou son absence : il faudra mettre en rapport leur emploi avec la situation dans laquelle la qualité en question s'actualise et se révèle, pour savoir si le personnage qui s'est montré *courtois,* a agi avec élégance, courage, générosité ou seulement de façon polie.

De même, dans un contexte donné, c'est *por ce que* + indicatif qui d'ordinaire oriente la subordonnée vers un rapport causal et *por ce que* + subjonctif qui, écartant le rapport causal, oriente vers un rapport final ou concessif. Si, même avec l'emploi du subjonctif, un rapport apparenté à la cause se maintient, par exemple le prétexte mis au compte d'un tiers, la part du contexte dans la lecture est assurément considérable. La comparaison avec des états de langue ultérieurs laisse apercevoir une extension des moyens lexicaux : *parce que* annonce un autre rapport que *pour que,* et l'emploi du mode ne fait que confirmer une orientation qui se dessinait ; dès l'énoncé de *sous prétexte que,* le changement de point de vue est opéré, le verbe y est soumis, et il n'y a pas à l'attendre pour rectifier une visée encore imprécise des termes qui en dépendent. De même, la traduction d'ancien français en français moderne amène souvent à substituer au simple conjonctif *que,* une locution au sémantisme plus étoffé : *si bien que, parce que, pour que,* et la polyvalence d'éléments de pure relation ne sera plus jamais aussi aisément admise. De même encore, les oppositions modales font que la construction rejaillit sur le sémantisme du verbe principal, et que la signification ne se détermine qu'une fois que la phrase est construite. Lorsque le verbe *croire* est suivi du subjonctif, le sens tend volontiers vers la notion qui correspond à *s'imaginer*. Dès le XVIe siècle, la langue s'achemine vers des distinctions d'ordre de plus en plus lexical, lorsque le verbe *cuidier* devient presque exclusivement employé avec le subjonctif pour indiquer la nuance précédemment notée. Elle n'a pas renoncé absolument à de tels modes d'expression, comme le montrent les diverses constructions des v. *dire* et *supposer* mais elle n'en admet plus que très peu. D'une façon générale, on peut dire que le mot isolé a des possibilités sémantiques larges et floues, et qu'il y a intérêt à ne l'aborder qu'éclairé par le sens global de l'ensemble dont il fait partie.

Chapitre III

MOYEN FRANÇAIS ET FRANÇAIS DU XVIᵉ SIÈCLE

I. – De l'ancien français au moyen français

Comparativement aux transformations dont il avait été question précédemment, les modifications phoniques qui ont lieu au cours de cette période ne sont pas considérables. Quelques tendances, qui déjà s'amorçaient, se manifestent alors plus généralement = réductions d'hiatus intérieurs *(meür* se réduit à *mür)*, réductions de *-ier* à *-er* après les chuintantes *(bergier / berger, marchié / marché)* et dans les verbes du premier groupe *(traitier / traiter)* ; affaiblissement de *-e* inaccentué, hésitation entre *a* et *e* devant *r* *(sarge / serge)* et entre *o* et *ou*. Aux XVᵉ et XVIᵉ siècles, une tendance à l'assibilation de *r* entre voyelles a laissé quelques traces : c'est à cette époque qu'on a hésité entre les prononciations *chaire* et *chaise,* et les deux formes, après avoir été les variantes d'un même mot, ont correspondu ensuite à des concepts différents, et sont devenues le signe de deux mots distincts. Mais ce n'est pas dans le domaine phonique que s'accusent les traits les plus caractéristiques de la nouvelle période.

1. Morpho-syntaxe du nom et de l'adjectif. – Du XIVᵉ au XVIᵉ siècle quelques-unes des structures morphologiques de l'époque précédente disparaissent. La déclinaison nominale, que l'ancien français avait conservée à titre d'appoint, est de plus en plus oubliée. Voici la façon dont, vers 1400, le français est enseigné en Angleterre : le nom placé après l'article est sujet

(= *nominatif case,* d'après la grammaire latine) quand il « fait » ou « souffre » (suivant que le verbe est à la voix active ou passive), ex. *le maistre nous eime, le maistre est amé de nous* ; mais quand le nom précédé de l'article *receipt* (« reçoit ») le fait exprimé précédemment, il est complément *(= accusatif case),* ex. *je ayme le maistre* (*Donait françois,* éd. Stengel, p. 28). L'indication de la fonction est donc laissée à l'ordre des mots ; on ne conserve qu'une marque de nombre ; le mot se confond avec la forme de l'ancien cas régime, à quelques exceptions près (*sire :* sujet / *seigneur :* régime ; *ancestre, sœur :* cas sujets). *S* est devenu la marque du pluriel, et seuls quelques noms propres conservent volontiers l'ancien *s* de flexion qui, dans ce cas, n'a rien d'équivoque (cf. *Charles, Jacques*) ; de même on continue à écrire *Dieux* dans certaines locutions. D'autre part le cas régime absolu est employé de plus en plus exclusivement avec les noms propres, et on pourra faire correspondre la préposition la plus employée devant le déterminant, *de,* à une marque de *génitif.* « Je ayme le filz du maistre », à quoi on opposera la valeur d'*ablatif* indiquée par la même préposition lorsqu'elle est précédée d'un verbe : « Je suis enseigné du maistre » *(ibid.).*

La flexion disparaît aussi dans les adjectifs. De plus, à partir du XVe siècle ceux qui étaient précédemment *épicènes* prennent la marque du féminin : il arrive toutefois, lorsque l'adjectif est placé devant le nom, que la forme commune soit conservée au féminin, d'où les composés *grand-mère, grand-porte,* etc. L'article défini s'allège des formes de cas sujet, et son emploi s'étend au cours du XIVe siècle lorsque le nom est pris dans un sens général, ex. « le flateur est anemy de toute vérité » (cf. R. Gardner, M. A. Greene, *A Brief Description of Middle French Syntax,* Chapel Hill, 1958) : que « flateur » s'applique à un personnage bien individualisé, ou qu'il dénomme une catégorie, les deux valeurs ne seront plus caractérisées par le degré zéro ou la présence de l'article. L'absence de l'article va s'attacher désormais à des *loutions verbales* : c'est ainsi qu'on opposera *faire teste* (= s'opposer) à *faire la teste* (= sculpter la tête). *Uns* et *unes* qui, en ancien français, avaient une valeur de collectif, et en particulier s'appliquaient à une paire, disparaissent de l'usage (*uns ganz* = des gants) : cette tournure est si mal reconnue par l'un des grands grammairiens du XVIe siècle, Meigret, qu'il interprète *unes lettres* comme un latinisme (lat. *litteras*), en face du singulier *une lettre* (de *littera,* au sg. caractère d'écriture). En revanche *des* (de les) développe ses emplois, ainsi que les singuliers *du, de la,* dans des constructions où l'ancien français se contentait du degré zéro de l'article : ces termes seront appelés au XVIe siècle articles partitifs (Palsgrave), et font désormais partie des actualisants entre lesquels le locuteur fait un choix.

2. **Le démonstratif.** – Dans le système du démonstratif, le délabrement de la déclinaison a entraîné la coexistence de *cil* et de *celui* qui s'emploient dans n'importe quelle fonction : *celui* est peu à peu préféré à *cil* comme antécédent du relatif *(celui qui).* D'autre part la différence sémantique qui faisait que les formes du type *cist* désignaient en ancien français l'objet le plus rapproché, par opposition à *cil,* est de plus en plus oubliée : le démonstratif a généralement besoin de s'appuyer sur un adverbe *(icy)* ou une particule *(-cy, -la),* pour qu'apparaisse une opposition sémantique qu'il n'indique plus lui-même, ex. *cettui-cy, cettui-la,* en face de *cette-ci, cette-la*. Ronsard constate en ces termes que les multiples vertus du cardinal de Lorraine ont trouvé de nombreux artistes pour les chanter :

« L'un disant *celle là,* et l'autre *cette cy.* »

(*Hymne de la Justice,* 45.)

Comme une distinction paradigmatique ne s'est pas opérée suivant les fonctions comme en français moderne entre déterminants spécifiques *ce, cette* et pronoms *celui, celle,* il existe donc une double série de formes équivalentes sur les plans syntaxique et sémantique, ex. *cette / cette-cy*. Comme en ancien français, *ce* peut être non seulement sujet dans le présentatif *c'est,* mais aussi objet (« qui le induit a *ce* faire », *Gargantua,* prologue), et régime prépositionnel *(sur ce)*. Cependant, parallèlement à ce qui se passe pour *cettui-ci,* les formes *ceci* et *cela* se développent, et permettent d'exprimer l'opposition indiquée ci-dessus. Ainsi se constitue au XVe siècle un système de formes composées qui se répandent au XVIe.

3. **Les possessifs.** – Pour les possessifs, les élisions du type *m'amie* deviennent de moins en moins courantes, et la pratique moderne qui consiste à employer le masculin devient presque exclusive au XVe siècle, à l'exception de quelques locutions, comme *par m'ame* ; on sait que *m'amie* a subsisté sous la forme *ma mie*. Les formes particulières au féminin de la série forte des possessifs sont évincées au profit des formations analogiques du masculin : *moie, toie, soie* cède la place à *mienne, tienne, sienne* ; mais la syntaxe n'est pas modifiée, et les tournures *un mien voisin, être mien* continuent à s'employer.

4. **La conjugaison.** – Les alternances vocaliques du présent de l'indicatif sont moins volontiers admises et beaucoup de verbes, en particulier du premier groupe, tendent à unifier leur vocalisme. Mais en attendant cette unification le jeu des répartitions, relativement stable en ancien français, est fluent : Montaigne emploie habituellement *treuve* à la troisième personne du singulier, mais le vocalisme *oi* du verbe *peser* n'est

pas réservé aux formes fortes et le participe présent est *poisant*. Le même trouble s'observe dans les passés dits forts. Avant que ne triomphe la tendance à l'unification du vocalisme radical, deux formes peuvent correspondre à la même personne. Voici ce qu'était en ancien français commun le paradigme du passé simple pour le verbe *avoir*, et voici ce que ce temps est devenu chez Villon :

Ancien français	Villon
oi	(j')*eus*
eüs	
ot	(il) *eust, eut* ou *ot*
eümes	
eüstes	
orent	(ils) *eurent*

Ainsi, une forme héritée de l'ancien français existe encore concurremment avec les formes unifiées par analogie, ex. :

Mon pere n'*eust* oncq grant richesse

(*Testament*, v. 275.)

Qui beauté *ot* trop plus qu'humaine

(*Ibid.*, v. 335.)

L'unification a consisté à étendre tantôt le vocalisme radical des formes fortes à tout le paradigme (ex. *je vins, tu vins*, au lieu de *je vin, tu venis*), tantôt celui des formes faibles (*j'eus, tu eus*, au lieu de *j'oi, tu eüs*).

Une autre tendance, qui s'était déjà manifestée à la fin de l'époque précédente, reçoit sa consécration : l'ancien français n'avait généralement caractérisé la première personne du singulier que par un degré zéro : ainsi on opposait au présent *chant, dout (je chante, je crains)* à *chante, doute* (il chante, craint). En moyen français un *-e* final s'étend à cette personne dans les verbes du premier groupe (Deschamps emploie tantôt *je dout,* tantôt *je doute*), et, parallèlement, un *s* final, perceptible dans les liaisons, pour les autres verbes (*je viens* au lieu de *vien*). Toutefois on admet fort bien une terminaison *i* ou *y* dans *j'ay, je croy, je supply, je voy.* L'orthographe moderne a conservé *e, s* ; *j'ai* demeure l'exception.

À partir du XVe siècle, la périphrase *aller* + infinitif tend à se vider de toute idée de mouvement et exprime un futur qui sera appelé « futur prochain » : en face de *je partirai,* il existe désormais la forme *je vais partir.*

Au subjonctif, il y a peu de rapports morphologiques entre le présent et l'imparfait. Le moyen français étend *e* final au subjonctif présent des verbes du premier groupe : *chant, chanz, chant,* deviennent (je) *chante,* (tu) *chantes,* (il) *chante.* L'opposition *subjonctif / indicatif,* qui reposait essentiellement sur la distinction des formes de la 3e personne du singulier en ancien français (ind. *chante* / subj. *chant*), tend à se reporter alors sur la 1re et la 2e personne du pluriel, où *chantions / chantiez* se substituent à *chantons / chantez.* À cela s'ajoute que de plus en plus le subjonctif en proposition indépendante apparaît précédé de *que.*

À l'imparfait du subjonctif une anomalie de l'ancien français tend à disparaître, et *chantissions, chantissiez* commence à paraître moins régulier que *chantassions, chantassiez.* L'emploi du subjonctif, qui marque un recul dans les phrases hypothétiques, s'étend au contraire dans d'autres types de phrase comme dans la subordonnée qui suit un superlatif relatif : *le meilleur que je connaisse.* L'emploi du subjonctif après *comme* temporel-causal, considéré parfois comme imitation du latin, est, en fait, un latinisme indirect : la construction provient en effet des usages de la langue de la chancellerie.

Enfin, sur le plan morpho-syntaxique, deux innovations du moyen français ont eu une très grande importance : au XVIᵉ siècle, un conditionnel composé de formation parallèle à celle du « futur parfait » (futur antérieur) est relevé par les grammairiens ; à côté de il *chantera, il aura chanté,* on trouve désormais *il chanterait, il aurait chanté.* Ce n'est pas que des exemples sporadiques de ces formes ne soient attestés en ancien français, où elles avaient une valeur d'aspect. C'est ainsi que la fée menace Lanval de ne plus le revoir si leur amour était divulgué :

> A tuz jurs m'avriez perdue,
> Se ceste amour esteit seüe...
>
> (*Lai de Lanval,* XIIᵉ s.,
> éd. Rychner, v. 147-148.)

Dans ce cas *vous m'auriez perdue, je serais perdue pour vous* à jamais ; le procès est considéré dans l'avenir comme inexorablement accompli en cas de manquement de la part du personnage. Or le développement de ces formes en moyen français va porter un nouveau coup à l'usage du subjonctif dans les hypothétiques et accréditer, quand il s'agit d'hypothèses orientées vers le passé, un type de phrase parallèle à celui qui comportait un conditionnel simple (ex. *Je ne le chercherais pas si je le trouvais / je ne l'aurais pas cherché si je l'avais trouvé*). Cependant les deux types de phrases suivants restent les plus fréquents dans la langue littéraire :

A) Hypothèse orientée vers le présent et le futur ; imparfait / conditionnel. Ex. « Si le corps se gouvernait autant selon moy que faict l'ame, nous *marcherions* un peu plus a notre aise » (Montaigne, *Essais,* III, 13).

B) Hypothèse orientée vers le passé ; subjonctif plus-que-parfait. Ex. « Si on m'*eust mis* au propre des grands maniements, j'*eusse montré* ce que je sçavois faire » *(ibid.)*.

Il subsiste quelques emplois du subjonctif imparfait dans les phrases de ce genre (à rapprocher des locutions *fussé-je, dussé-je,* etc.) : « Si j'avais des enfants mâles, je leur désirasse volontiers ma fortune » *(ibid.)*.

Une deuxième innovation du moyen français a trait à la voix verbale. Déjà en ancien français un verbe tel que *esprendre* (= enflammer) est susceptible de divers emplois : transitifs à la forme active (1) *il esprent un ré,* un bûcher ; intransitifs de forme active (2) *li feus esprent* (= le feu prend) ; tournures à la forme pronominale (3) *il s'esprent d'amor* ; (cf. « Ou, vis deables se prendroit le charbon ? », *La prise d'Orange,* éd. Régnier, v. 1125). Aux tournures (2) et (3) s'opposent, lorsque le procès est considéré comme accompli, une forme composée avec le verbe être : *il est espris.* Or, de plus en plus, une corrélation tend à se créer entre une forme pronominale (procès en voie d'accomplissement) et une forme composée avec auxiliaire *être* (accompli). Ainsi on dira « il brise la lance » (1), mais *la lance se brise / la lance est brisée* plutôt que *li glaives brise.* Ce développement n'a pas eu lieu pour tous les verbes, comme le montre la construction du verbe *casser* (il *casse* le verre, le verre *casse* ou *se casse,* le verre *est cassé, s'est cassé*). En même temps que s'observe ce développement, on note que le pronom sujet *on* (ancien cas-sujet correspondant à *ome,* homme) qui n'a cessé d'étendre son emploi, peut être lié à la transformation de l'actif en passif. En examinant chaque cas, on s'aperçoit qu'en français seule la forme active a un découpage morphologique net. À une notion de *passif* répondent divers modes d'expression : forme composée (avec auxiliaire être), *on* + forme active, forme pronominale. Mais ces formes, suivant les rapports entre le sujet et le verbe, auront des valeurs diverses ; on ne peut conférer la même valeur à « il est cassé » et à « il s'est cassé », alors que « il casse » ne se distingue pas sémantiquement de « il se casse ». S'il s'agit d'un surnom familier ou injurieux, on n'aura pas dit la même chose, suivant qu'on aura recours à *il s'appelait* ou à *on l'appelait.*

5. **Les pronoms personnels.** – Le pronom personnel sujet était fréquemment omis en ancien français, et en particulier lorsque la phrase commençait par un régime. L'omission est moins courante en moyen français ; on évite notamment que la forme verbale coïncide avec le début de la phrase. Voici « comment estoient vestuz les religieux et religieuses de Theleme » :

« Les dames, au commencement de la fondation, se habilloient à leur plaisir et arbitre. Depuis, *feurent reforméez* par leur franc vouloir en la façon que s'ensuit : *elles portoient* chausses d'escarlate ou de migraine et *passoient* lesdictes chausses... » (Rabelais, *Gargantua,* chap. LVI). La présence quasi constante du pronom sujet (sauf à la 3e personne lorsque le sujet est nominal) devant un verbe à l'indicatif et au subjonctif, confirme dans leur valeur les formes employées en fonction d'impératif, où l'absence du pronom sujet est devenue aussi une quasi-constante en moyen français *(soiez / vous soiez).*

À mesure que ces formes de pronoms sujets deviennent une dépendance du verbe, elles perdent la possibilité d'être autonomes syntaxiquement. On aura recours en pareil cas aux formes dites fortes, qui, primitivement, étaient des formes de compléments. Les premiers exemples de cette extension remontent à l'ancien français (*moi* et *vos, Le charroi de Nîmes,* v. 339 ; cf. v. 446) mais étaient alors limitées à quelques tournures particulières ; elle devient de règle en moyen français. Rabelais peut varier les *Propos des bien yvres* en mêlant *je* à *moy* : « *Je* boy comme un templier. – Et *je* tanquam sponsus. – Et *moy* sicut terra sine aqua. » Le type gardé dans la formule *Je soussigné* fait désormais figure de survivance isolée d'une autre syntaxe.

À la 3e personne, une neutralisation du genre au pluriel a pénétré dans la langue littéraire aux XIVe et XVe siècles ; elle est constante dans certaines œuvres (*Fouke fitz Warin,* XIVe siècle). C'est ainsi que Villon peut regretter les « dames du temps jadis » :

> Ou sont *ilz,* ou Vierge souveraine ?
>
> (*Testament,* v. 351.)

Mais, depuis, ce trait a reculé, du moins dans la langue littéraire.

Enfin, l'opposition qu'avait faite l'ancien français entre *lui* et *li,* formes fortes de complément correspondant aux pronoms sujets *il* et *elle,* souvent employées l'une pour l'autre au XIIIe siècle, a cédé la place en moyen français à l'opposition *lui / elle* (afr. *pour lui / pour li ;* mfr. *pour lui / pour elle*). En position faible, ce qui revient à dire devant un verbe à un mode personnel, la forme *li,* commune aux deux genres, disparaît au profit de *lui,* après que les deux formes ont été employées concurremment (afr. *je li donne* ; mfr. *je li donne* ou *je lui donne* ; XVIe siècle *je lui donne*).

6. **L'ordre des mots.** – La postposition du sujet n'a plus tout à fait le même caractère qu'en ancien français, tout en restant la tendance dominante lorsque la phrase commence par un régime ou par un adverbe introducteur. C'est que la proportion des phrases énonciatives comportant l'ordre sujet-verbe-complément n'a cessé de s'accroître, et que désormais la plupart des phrases où le sujet est inversé sont celles qui commencent par un adverbe introducteur (*si, ains, ainsi,* en-

core, etc.). Dans cette catégorie il faut ajouter *et* qui, même lorsqu'il ne forme pas groupe avec *si (et si),* peut entraîner l'inversion.

La place de l'adjectif épithète est fixe lorsqu'une valeur sémantique y est attachée : c'est ainsi que l'on distingue déjà une *sage femme* d'une *femme sage,* et un *gentil homme* d'un *homme gentil* ; *l'homme estrange* tend à désigner l'étranger, alors que *l'estrange homme* est l'homme singulier ; dans ce dernier cas la substitution à *estrange,* polyvalent, d'un dérivé *étranger,* rendra à l'adjectif *étrange* sa mobilité. Les adjectifs indiquant la couleur tendent à être postposés, et c'est pour *bonnet blanc* qu'opte la grammaire française laissant *blanc bonnet* aux Picards, et aux plumes délicates et poétiques.

Quand plusieurs adjectifs se rapportent à un même nom, ils peuvent se placer de part et d'autre de celui-ci : « Et estime a un merveilleux chef-d'œuvre et exemplaire » (Montaigne, *Essais,* III, 9), ou d'un même côté, soit avant soit après : « ... le plus viel et mieux cogneu mal est toujours plus supportable que le mal récent et inexpérimenté » *(ibid.).* Cette phrase montre comment un grand styliste met à profit une telle liberté.

II. – L'expansion de la « langue vulgaire »

En dehors des documents d'archives, les textes écrits en ancien français se rapportaient à une littérature d'agrément ou didactique, mais la langue scientifique restait le latin : on écrit en latin des traités dont certains, après coup, pourront être traduits en français. Toutefois, de plus en plus, des ouvrages proprement scientifiques paraissent en français. Un mouvement se dessine dans ce sens chez les modestes praticiens de la chirurgie, tandis que la médecine théorique sera plus longtemps réfractaire.

C'est ainsi qu'en 1314 paraît la traduction du traité de Henri de Mondeville intitulé *La chirurgie*. Le lexique anatomique tel qu'il apparaît alors, moins fixé que celui d'aujourd'hui, juxtapose souvent à des appellations de formation française des emprunts au latin, au grec et à l'arabe : la jambe porte quatre noms (fr. *jambe* ; lat. *crus, tybia* ; ar. *asseid*) ainsi que l'œsophage (fr. *gosillier, voie de la viande* ; gr. *meri, ysophagus*). Des emprunts arabes il subsiste le terme *nuque* qui, après avoir désigné la moelle épinière, se substitua au XVIe siècle à *haterel*. Dans bien des cas on peut remarquer que des relatinisations postérieures ont entraîné la disparition de mots mis en place dans le système primitif : ainsi, *rotule* et *ventricule* se sont substitués à *roelle* ou *uil* (œil) *du genou* et à *ventrail*, tandis que *cubitus* et *radius*, repris tels quels au latin, faisaient oublier les *grant* et *petit focile*, *fémur* et *sternum* les *os de la cuisse* et *dessus la thorache*. Deux siècles plus tard, Ambroise Paré, reçu maître chirurgien barbier vers 1536, fera paraître, au cours de la seconde moitié du XVIe siècle, une œuvre abondante où il traite de son art en français, et dont le lexique sera plus proche de celui qui nous est familier.

Dans le domaine religieux, qui s'était ouvert au français dès l'origine (sermons, textes hagiographiques), le latin reste prédominant. Au cours de la messe, la *langue vulgaire* ne fait son apparition qu'à l'homélie, si celle-ci s'adresse à des laïcs, à quoi s'ajoutent les prières collectives dites du *prône*. Le français est une langue de *traduction* à laquelle on a recours auprès de laïcs, de convers, de religieuses qui ignorent le latin. C'est ainsi que circulent depuis longtemps avec des fortunes diverses des traductions de psaumes et de cantiques bibliques, des formules de prière et de confession, etc. De plus, des traités de morale, des ouvrages de spiritualité, toute une littérature édifiante se publient dans la langue vulgaire, et la diffusion de ce genre d'ouvrage, déjà très représenté sous forme de manuscrits, s'étend considérablement grâce à l'imprimerie. Ajoutons qu'au XVe siècle la catéchèse de pierre des cathédrales tend à se transposer en catéchèse scénique dans les *Mystères* qui touchent des foules considérables, mettent à profit de multiples registres de langage depuis le latinisme clérical jusqu'à l'argot des malfaiteurs, et reflètent l'expression de milieux très divers.

Une autre expansion est liée au développement des courants relevant d'une mystique dite affective. Chez les clercs, la préférence pour le latin semblait une sauvegarde contre des préoccupations trop liées à la vie du monde : l'attachement à la langue de la liturgie et de la théologie, fixant l'esprit à une expression et à des concepts proprement religieux était une défense contre d'autres genres de préoccupations. Or Jean Gerson n'hésite pas à déclarer au début de *La montagne de contemplation* (1400) que, sur une matière aussi haute, il désire écrire en français, et que la *simplesse* des religieuses à qui il s'adresse ne l'arrête nullement : parfois même, la *grant clergie* empêche de venir à la *hautesse de contemplation,* parce que l'orgueil survient, alors qu'il faut s'incliner pour se donner aux mystères de l'Incarnation, et passer par cette entrée très humble et très basse. Sur ce point la *clergie,* et donc le latin, ne sont pas du tout nécessaires ; des propos sur l'élévation de l'âme ne perdent rien à être tenus en français, la langue des gens simples, qui, dépourvus de *science,* pourront néanmoins s'acheminer vers la *sapience,* ou connaissance savoureuse par l'expérience. Dans le même ordre d'idée, à côté des vies des saints, paraissent de nombreux recueils de sermons écrits ou de traductions qui répondent au désir qu'avaient les « simples gens » d'être instruits dans l'intelligence des Écritures.

Il n'en reste pas moins que la liturgie et la théologie échappent encore entièrement au français. À l'époque de la Réforme, les protestants, une fois séparés des catholiques, se trouvent placés devant le même problème, mais y donnent une solution toute différente. En 1541 paraît le grand ouvrage de *L'institution de la religion chrestienne* « composée en latin par Jean Calvin et translatée en français par luymesme ». Chaque nouvelle édition latine sera, jusqu'à la mort de l'auteur, doublée d'une édition française, et à mesure que Calvin revoit son texte, il adopte une expression plus dégagée de la forme latine, soit pour la syntaxe, soit pour le vocabulaire : *cogitation* cède la place à *pensée,* comme *sapience* à *sagesse,* et la proposition infinitive « nous croyons ceste estre la vie éternelle, cognoistre... », est remplacée par une conjonctive : « Nous croyons que c'est la vie éternelle de cognoistre un seul vray Dieu » (éd. Benoit, d'après le texte de 1560, p. 32). La défiance dont Calvin s'est expliqué (cf. préface à la Bible d'Olivétan) à l'égard des termes « emmasquez et non accoutumez, lesquelz sont escorchez du latin », se double d'une prise de position en faveur d'un « plat langage » : l'adoption du « vulgaire » n'est plus seulement signe d'humilité, mais choix d'un moyen d'expression naturel et adéquat ; et le rejet d'un langage trop exclusivement technique rejoint la critique, plus d'une fois formulée, du conceptualisme abstrait de la pensée scolastique. D'autre part, le milieu réformé fait bon accueil aux trente psaumes traduits par Marot, selon, déclare le poète, la *vérité habraïque.* Une fois que Marot, menacé, gagne Genève, il revoit sa traduction, et enrichit le recueil de vingt nouveaux psaumes. Du côté catholique, des théologiens de Louvain feront paraître une Bible en français (1572) qui représente une des tentatives les plus heureuses pour adapter le texte de l'Écriture à un état de langue : mais ce texte n'est pas fait pour pénétrer dans la liturgie.

Quant à la théologie, les références de base continuent à se faire aux concepts véhiculés par la tradition médiévale, et, en dépit de quelques efforts de traduction, ceux qui l'exposent ne sont tout à fait à leur aise en français que depuis une époque récente.

Une mention de la grande ordonnance « sur le fait de la justice », signée par François Ier à Villers-Cotterêts en août 1539, peut trouver place ici. Elle ne fait que confirmer des interventions royales précédentes (1490, 1510) et vise à bannir le latin, ainsi que l'italien et l'espagnol, des arrêts de la justice royale « afin qu'il n'y ait cause de doute sur l'intelligence desdits arrêts » (H. Peyre, *La royauté et les langues provinciales,* p. 58). Elle prend toutefois alors un aspect plus restrictif. Il y est stipulé en particulier que « tous arrests ensemble toutes autres procédures... soient prononcés, enregistrés et délivrés aux parties en *langage maternel françois* et non autrement ». Cette expression équivoque *langage maternel françois* regroupe *langage maternel* et *langage françois* mieux distingués dans les textes précédents. Le langage du pays n'est pas explicitement rejeté. Il n'empêche que dès cette époque une langue unifiée, qui est celle du roi, tend à devenir aussi celle du royaume de France, et c'est sur elle que compte Ronsard pour acquérir l'immortalité.

1. L'enrichissement du vocabulaire.

– L'expansion de la langue vulgaire dans plusieurs domaines qui jusqu'alors lui étaient fermés, se traduit en particulier par un enrichissement du vocabulaire : « Le XIVe et le XVIe siècle apparaissent comme les grandes périodes de création lexicale et... le moyen français fournit plus de la moitié de notre dictionnaire actuel » (P. Guiraud, *Le moyen français,* « Que sais-je ? », p. 50-51). Une seconde constatation est complémentaire de la précédente : ce sont les mots de civilisation de l'ancien français qui ont disparu, et c'est le moyen français qui a créé un nouveau vocabulaire dans ce domaine (*ibid.,* p. 51). Formations suffixales (en *-ance, -et, -ette, -ible, -ique*) et préfixales (le préfixe *im-, in-* se développe considérablement, à côté de *non* + adjectif, ex. *mortel / immortel / non mortel*) prolifèrent. La remarque, déjà faite à propos des *doublets* en ancien français, vaut encore plus pour le moyen français (type *grave / grief),* époque où la voie d'emprunt la plus importante a été le latin : parfois deux prononciations s'affrontent pour les mêmes mots ; on hésite entre un traitement savant *(interroguer, naviguer)* et un autre qui l'est moins *(interroger, naviger).*

Certains contemporains ont été conscients du mouvement qui s'opérait à leur époque dans le vocabulaire, et sensibles à la physionomie respective des termes du vieux fonds et des emprunts récents : « Nos ancestres userent de *barat, guille* et *lozange* pour *tromperie* et *barater, guiler* et *lozanger* pour *tromper.* Dictions qui nous estoient naturelles au lieu desquelles nous en avons adopté des Latins : *dol, fraude, circonvention* ; vray est qu'encore le commun peuple use du mot *barat* » (E. Pasquier, *Recherches de la France).* Ainsi se dégagent trois séries de termes : les premiers appartiennent à un langage neutre et moyen *(tromper)* les seconds ont pour eux le prestige de la mode (les mots cités par Pasquier sont attestés depuis plusieurs siècles, mais, longtemps confinés dans le milieu des juristes et des traducteurs, ils font encore figure de termes adoptés) ; la dernière série, déclassée, appartient désormais au français populaire.

Fait significatif dans une période de renouvellement notionnel et lexical : les poètes de la Pléiade ont le sentiment de n'avoir à leur disposition qu'une langue pauvre. Tout le mal vient, selon du Bellay, auteur de la *Deffence et Illustration de la langue françoyse*

(1549), de nos ancêtres médiévaux qui, par leur négligence, ont transmis cette plante mal venue faute de soins. Mais la « vertu » d'une langue dépend de la volonté et des efforts de ceux qui la parlent. D'où un double programme : défendre le français contre les latiniseurs et helléniseurs qui le méprisent en lui-même, comme s'il était incapable de « bonnes lettres et érudition » ; l'illustrer en imitant les Anciens pour les égaler ou les surpasser. Les efforts ont porté sur la langue et les formes littéraires : introduction de l'ode à l'antique, du sonnet emprunté aux Italiens. Pour enrichir le vocabulaire, du Bellay propose la création de mots nouveaux et le rajeunissement de mots anciens ; Ronsard ajoute les termes dialectaux et le « provignement » (= dérivation). En fait, les modes de formation préconisés alors étaient en usage depuis les débuts de la langue : dérivations propre et impropre (ex. substantivation d'adjectifs, *le chaud*), composition ; il reste ceux qui tiraient leur force de la mode littéraire, comme le calque d'expressions anciennes (ex. brebis *porte laine*).

Voici maintenant quels types de latinismes on trouve dans la *Deffence et Illustration de la langue françoise* :

A) **Néologismes :** *scabreux* (éd. Chamard, p. 30) = difficile, périlleux ; *copie et richesse d'invention* (p. 33), on reconnaît ici le procédé médiéval du groupe binaire qui réunit deux mots de physionomie différente ; *genius,* mot latin repris tel quel, et *génie,* mot francisé (divinité tutélaire), etc. Presque tous les néologismes sont en rapport avec une activité intellectuelle ou littéraire.

B) **Relatinisation formelle :** *medicins, medicine* (p. 175-178) au lieu de *mede-, infirme,* au lieu de afr. *enfer(m).*

C) **Relatinisation interne** : un contexte savant ravive un sens ancien du latin littéraire, ex. *sourcil* au sens d'air hautain (p. 14), *entier* au sens d'impartial (p. 15, cf. lat. *integer*), etc.

Néanmoins, tous les contemporains n'ont pas goûté les latinismes de la *Deffence* et plusieurs ont été démarqués par le *Quintil Horatian.*

Un nombre disproportionné de latinismes produit un effet ridicule : l'écolier limousin, rencontré un soir par Pantagruel, est de ceux qui se livrent à de telles outrances (*Pantagruel,* VI). Au lieu d'illustrer son langage par quelque noble et savante expression tirée des Anciens (ses interlocuteurs auraient dit dans ce cas qu'il « pindarisait »), il ne garde du français que des termes grammaticaux et des marques morphologiques. Plusieurs des mots qui entrent dans son discours ne lui sont pas particuliers : quelques-uns remontent au Moyen Âge (ex. *méritoire*), d'autres sont des néologismes d'introduction récente (ex. *académie*) ; *indigène,* plaisanterie de Rabelais dans ce contexte, devient une appellation des plus sérieuses et des plus utiles au XVIIIe siècle. Mais tous ont la même *physionomie,* et le comique est lié à un déséquilibre. Au reste, Rabelais a emprunté au grammairien G. Tory (*Champfleury,* 1529) la première phrase de son écolier, qui représente l'un des « types » de l'époque.

Une autre voie d'emprunt avait été cherchée du côté de l'Italie et, en 1511, Lemaire de Belges avait composé la *Concorde des deux langages,* c'est-à-dire de l'italien et du français. L'italianisme avait ses écoliers limousins en la personne des courtisans émaillant leurs propos de superlatifs en *issime,* et d'emprunts, dont quelques-uns se sont maintenus, tels que *caprice* (voir Henri Estienne, *Dialogue du nouveau langage françois et italianisé,* 1578).

L'enrichissement du vocabulaire a été systématiquement recherché pendant toute cette époque : c'est là une des caractéristiques du moyen français, état de langue d'importance capitale pour le lexique plus qu'à tout autre point de vue. Si les siècles suivants, si l'enseignement français ont souvent méconnu le Moyen Âge, c'est en partie parce qu'une civilisation liée à une représentation féodale du monde paraissait s'exprimer d'une façon plus éloignée des concepts qui se sont développés à la fin de l'époque du moyen français, que l'Antiquité même.

2. Naissance de la grammaire théorique et guerre de l'orthographe. – A) Grammaire et lexicographie. On oppose quelquefois l'appétit de croissance désordonné du XVIe à la raison et à la discrétion du siècle suivant. Toutefois un tri se faisait déjà dans les innovations. Un filtrage s'opère à la faveur de la prédominance de Paris, qui s'affirme de plus en plus et garantit l'unification de la langue. Lorsque Henri Estienne proclame la *précellence du français* sur l'italien, il consacre en fait la précellence du bon français parlé à Paris.

Au moment même où la langue vulgaire acquiert un prestige incontesté, apparaissent les premiers puristes, qui associent à leur passion pour l'expression leur souci de passer au crible la forme qu'elle prend, ce qui implique l'existence de *normes*. Déjà les grammairiens humanistes du français sont très sensibles à la correction des tours qu'ils étudient. À la fin du XVIe siècle, Pasquier a fait sur deux points des reproches à Montaigne, dont il admire beaucoup les *sentences* :

a) Il use de mots inaccoutumés (ex. *gendarmer, enfantillage, asteure,* etc.), ce qui suppose que, même s'il est sûr de se faire comprendre, l'écrivain ne doit pas puiser en dehors d'une réserve de termes lexicaux admis dans le milieu des connaisseurs ;

b) Il a recours à des usages syntaxiques familiers seulement aux Gascons, mais non au français : ex. le verbe *jouir* n'est pas transitif selon l'*usage* de la langue française, on ne peut dire « la santé que je jouis » ni « l'amitié est jouie ». Il existe donc des règles de construction, fixées par un usage, et l'existence d'une manière différente de parler dans telle province ne justifie pas les infractions *(Lettre à M. de Pelgé).*

C'est au XVIe siècle aussi que se développe la lexicographie française, et le répertoire rassemblé par Robert Estienne pour son *Dictionnaire françois-latin* (1539) se retrouvera pour l'essentiel dans les dictionnaires suivants. Mais surtout la réflexion sur la langue est pratiquée et entretenue désormais par des grammairiens dont les horizons sont plus larges que ceux des auteurs des guides de conversation. On suivra les cheminements de ces pionniers dans l'ouvrage de J.-Cl. Chevalier, *Histoire de la syntaxe. Naissance de la notion de complément dans la grammaire française* (Paris, 1968). Si leur terminologie reste parfois confuse, ils ont fait preuve d'intuitions étonnantes.

B) L'orthographe. L'orthographe de l'ancien français n'était pas fixée, mais relativement simple. Or jamais l'orthographe française n'a été aussi compliquée qu'à l'époque du moyen français : les textes écrits, destinés à des déchiffreurs rompus à toutes fantaisies, s'encombrent de lettres parasites qui rappellent, sinon l'étymologie au sens où nous l'entendons (on cite toujours le cas de *legs, poids, sçavoir*), au moins une conformité à un correspondant latin. Avec le développement de l'imprimerie, un usage orthographique plus strict s'impose. L'accord du participe avec le verbe *avoir* pour lequel l'ancien français avait laissé toute liberté, fait au XVIᵉ siècle l'objet d'une règle énoncée en vers par Marot. Deux tendances s'affrontent alors. La première, celle des réformateurs, est de rapporter le plus possible l'écriture à la prononciation, et se traduit par des tentatives en faveur d'une orthographe quasi phonétique (Peletier du Mans, Louis Meigret). La seconde, conservatrice, s'appuie sur l'importance d'une image graphique accoutumée, des rapprochements étymologiques, des rapports morphologiques dans les familles de mots *(temps / temporel)* et la distinction des homonymes : ex. *compte* (qui « appartient à nombre ») et *conte* (= le comte) ; au XVIIᵉ siècle on pourra faire correspondre à trois mots différents pour le sens, trois orthographes : *compte / comte / conte.* Du Bellay, après avoir été favorable aux réformateurs, se refuse à les suivre de peur que ses œuvres « servent de cornetz aux apothequaires ou qu'on les employe à quelque autre plus vil mestier » (seconde préface de *L'olive*), et entraîne Ronsard dans sa réserve. Montaigne recommande à l'imprimeur de se conformer à l'ancienne orthographe, c'est-à-dire, en fait, celle qui est consignée dans le *Dictionnaire* de Robert Estienne.

Quelques aménagements datent néanmoins de cette époque : le *c* « à queue » *(ç),* les essais pour distinguer les diverses sortes d'*e,* ou *i* et *u* voyelles, de *i* et *u* « consonantes » *(j, v).* On pourra compléter cet exposé, très schématique, grâce à l'ouvrage de Mme N. Catach, *L'orthographe française à l'époque de la Renaissance,* Paris, 1968.

Chapitre IV

LE FRANÇAIS CLASSIQUE ET POSTCLASSIQUE

I. – Le visage du français classique

Les mouvements de vocabulaire sont désormais prédominants. Toutefois certaines tendances phonétiques, qui s'amorçaient précédemment, connaissent alors un aboutissement définitif. Le français ne comporte désormais que des *voyelles pures,* et les dernières diphtongues, encore notées par certains grammairiens du XVIe siècle (*autre* est écrit *aotre* par le lyonnais Meigret), ont disparu. Les voyelles, uniformément nasalisées devant une consonne nasale, ne gardent ce caractère que si la consonne n'est pas placée en début de syllabe à l'intérieur du même mot ; on distingue õ dans *L'on me dit* de o dans *L'homme dit,* et, du même coup, le vocalisme de l'adjectif masculin *plein,* de celui du féminin *pleine*. Enfin, l'ancienne diphtongue *oi* cède définitivement la place, au cours du XVIIIe siècle, aux aboutissements *è* (comme dans *françois/français*) ou *wa* (ex. *roi*), attestés depuis l'ancien français, évolution qui se fait aux dépens d'un groupe *wè* et au profit de deux réalisations plus nettes. Dans le domaine consonantique la réduction d'un *l* palatal à un simple *y,* dont les premiers indices remontent au XIIIe siècle, est confirmée par les transcriptions du langage populaire qu'occasionnent les Mazarinades (*caillou* prononcé [*kayu*]) ; en outre, la tendance de *r,* primitivement roulé, à s'articuler dans la région vélaire, se répand dès cette époque dans les milieux urbains.

Mais une autre constatation est de beaucoup plus d'importance. Jusqu'ici l'orthographe s'était développée indépendamment de la prononciation, ce qui provoquait l'existence de réalisations distinctes dans chacun des domaines. Peletier du Mans avait déjà noté que certains s'efforçaient de rapporter la *prolacion* à l'écriture, comme d'autres l'écriture à la *prolacion* (= façon de proférer). À partir du XVIIe siècle l'équilibre semble se rompre. L'orthographe, comme sur bien des points la langue elle-même, tend à se fixer et à se normaliser de façon plus stricte. Les lettres patentes aux termes desquelles un caractère officiel est donné à l'Académie française, chargée par Richelieu de codifier le lexique et la grammaire, ne sont qu'une des manifestations de cette tendance. Le *Dictionnaire de l'Académie* qui paraît en 1694, et répond à l'une des tâches dont ce corps de l'État a été chargé à sa fondation, a le double mérite de consacrer un bon usage, celui des « honnêtes gens », et une orthographe. Celle-ci, sans avoir retenu les pires superfluités des époques précédentes, demeure marquée d'un parti pris conservateur et étymologique. Or une orthographe fixée crée une image graphique obsédante qui, à la faveur du développement de la lecture, finit par obscurcir les autres modes de réalisation des mots. Certaines lettres, qui pouvaient rester purement orthographiques jusqu'au XVIe siècle, comme *c* devant *t*, *b* devant *s* *(obscur),* sont couramment prononcées à partir du XVIIe siècle : ex. *absoudre, acteur,* etc. Il en résulte, outre de nombreuses hésitations à l'égard de certains mots *(abject, circonspect),* quelques doublets (*affété* à côté de *affecté*) et des distorsions à l'intérieur des familles de mots : *contracter* ne rappelle plus qu'à la faveur d'un rapprochement sémantique occasionnel le nom *contra(c)t.* Une consonne initiale est définitivement rétablie dans *psaume,* qui s'est longtemps écrit *saume. R* devant consonne, qui avait tendance à s'amuïr, est rétabli sur le modèle de l'orthographe, comme dans *arme* ou *Charles.* L'influence de l'orthographe sur la prononciation a été tantôt un facteur de trouble, tantôt une thérapeutique très heureuse pour éviter la multiplication des homonymes et réintroduire dans la langue des groupes de phonèmes qu'elle excluait *(ps).* L'un des mots dont une fausse étymologie a autorisé l'orthographe, *legs* (au lieu de *lais* < *laisser*), en est venu à se faire adopter par la famille du verbe *léguer,* à la faveur d'une prononciation *lèg* et de rapports sémantiques évidents.

Le mot, plus déterminé dans sa forme, est plus lié aussi à la place qu'il occupe dans un ordre de fonctions ou de valeurs. Les démonstratifs se groupent désormais en paradigmes distincts suivant qu'ils jouent le rôle de pronoms *(celui, celle)* ou de déterminants spécifiques *(ce, cette).* Dans le domaine des interrogatifs une répartition de plus en plus stricte amène à distinguer *qui,* restreignant le champ de l'interrogation aux personnes, de *que,* renforcé en *qu'est-ce qui* ou *qu'est-ce que,* d'orientation non personnelle. Lorsque le loup demande à l'agneau :

> *Qui te fait troubler mon breuvage ?*

le lecteur s'attendrait à trouver dans la réponse le nom d'un responsable plutôt qu'un motif, s'il ne considérait que la syntaxe du français post-classique. Mais lorsque la réponse est donnée, comme dans *La chauve-souris et les deux belettes* :

> Qui fait l'oiseau ? C'est le plumage
>
> (La Fontaine, *Fables,* II, 5),

on s'aperçoit que *qui* interrogatif n'opère pas la même distinction pour le fabuliste. La Fontaine ne fournit pas, en l'occurrence, les témoignages les plus significatifs : il ne s'est pas interdit d'employer des termes et des tours vieillis que maint écrivain contemporain avait bannis. D'autres encore après lui se permettent bien des traits de ce genre. Il n'en reste pas moins qu'au XVIIe siècle les questions grammaticales sont plus nettement posées, et que la préférence va plutôt vers la clarté.

La même tendance s'observe pour les mots invariables. L'ancien français disposait d'adverbes *(ci, là)*, de prépositions (*à, de, en* ; *o* = avec, jusqu'en moyen français) et de termes à fonction tantôt adverbiale, tantôt prépositionnelle (*deçà / delà, dessous / dessus*, etc.). À l'époque classique, la dernière catégorie, polyvalente, s'appauvrit ; *sur* se range parmi les prépositions, *dessus* parmi les adverbes, à moins que d'autres prépositions, dont n'avait nul besoin l'ancien français *(par-dessus, au-dessus de)* n'opèrent la translation qui permettra à cet adverbe, devenu l'élément d'une locution, d'entrer dans une construction prépositionnelle.

Plusieurs usages, qui sont devenus ceux du français soigné, ont fait l'objet de remarques des grammairiens de cette époque ; ils ont souvent pour conséquence de faire correspondre plus régulièrement une forme ou une construction à un rapport de sens. Désormais, le pronom relatif est le moins éloigné possible de son antécédent ; le complément d'objet ne se place plus entre l'auxiliaire et le participe passé d'une forme composée, bien que quelques poètes usent encore de ce tour :

Combien de fois la lune a leurs pas éclairés !

(La Fontaine,
Adonis, 1658, éd. Clarac, p. 8.)

La tournure « je vous le promets » est définitivement préférée à « je le vous promets », et celle qui consiste à placer le pronom devant le groupe *semi-auxiliaire + infinitif* devient plus courante : « je ne veux pas le faire » est déclaré aussi bon que « je ne le veux pas faire ». D'autre part, même si cette règle « importante » est souvent négligée, Vaugelas et l'Académie blâment l'expression *En cette belle solitude et si propre à la contemplation,* où plusieurs adjectifs coordonnés sont séparés.

Un sémantisme d'une plus grande précision s'applique volontiers aux termes qu'une fonction mieux définie permet de dégager plus aisément de la masse contextuelle. L'ancienne langue s'accommodait de contours moins nettement dessinés. Groupes binaires, accumulations verbales perdent de leur faveur, et la phrase qui se fait apprécier repose sur des termes apparaissant comme propres et non inutiles. Selon un idéal souvent reconnu, les opérations du langage se font dans la clarté. Les mots, mieux individualisés, tendent à se combiner et à se construire selon des règles reconnues, et la part qu'ils ont dans le sens de l'ensemble exprimé doit être mieux identifiable et plus mesurable. La précision du vocabulaire n'est sans doute pas recherchée dans tous les domaines, et la littérature mondaine garde une grande discrétion en ce qui a trait à la description de détails physiques. Il est bien difficile, chaque lecteur s'en est aperçu, de savoir de quel genre était la beauté de la princesse de Clèves à ne prendre que le texte où l'héroïne fait son apparition à la Cour ou pénètre chez le négociant italien : nous devons nous contenter d'apprendre qu'elle était parfaite et qu'elle provoquait l'admiration. Mais le goût du lecteur ne pouvant être, comme celui de l'auteur, que le bon, pourvu que tous deux appartiennent à la même société, leur esprit ne saurait former que des images très plaisantes. Et, toute « bourre » étant exclue, le récit ne retient de l'objet que ce qu'il provoque.

On a souvent fait état d'un cartésianisme qui aurait pénétré le génie de langue. Il est vrai que la parution du *Discours de la méthode* en français (1637) n'est pas un événement sans conséquence, et que les idées qui s'y trouvent exprimées correspondent à quelques-unes des aspirations intellectuelles qui s'affirmeront de plus en plus par la suite. Mais cet événement n'est pas isolé et il a un environnement qui l'éclaire. La conviction avec laquelle on cherche à définir et on tend vers la clarté est, autant qu'un sentiment ou qu'un effort individuel, la marque d'un état de langue.

1. Témoins et théoriciens du langage. – Le goût de la pureté de la langue n'est pas une innovation du XVIIe siècle : il provient directement de la tradition humaniste. Comme la Renaissance carolingienne avait précipité le développement des divers rameaux linguistiques romans en consacrant le latin comme une langue abstraite et savante, la Renaissance humaniste, en ravivant le goût de la pure latinité, entraîne par émulation les défenseurs et illustrateurs de la langue française à opérer un tri, pour que le *vulgaire* ne le cède en rien à ce qu'avait légué l'Antiquité. La notion de *bon usage* a eu trop d'importance dans la fixation du français pour qu'il en soit traité aussi légèrement que des excès des puristes dans d'autres temps. Des composantes diverses se mêlent dans les évolutions qui s'observent : un goût, une esthétique conspirent avec des tendances propres à l'état de langue, leur fournissent une motivation, élargissent leur champ d'exercice, leur permettent de s'affirmer comme usage, ou de s'ériger en règle. Lorsque Malherbe, reprenant des conseils déjà donnés par Ronsard entre autres, recommande l'emploi de l'article, ou celui des pronoms sujets, abandonnant leur omission au style burlesque ou marotique, s'abandonne-t-il à son zèle de critique et de réformateur de quelques genres poétiques à une époque donnée, ou ne contribue-t-il pas plutôt à hâter et à affirmer une évolution amorcée depuis longtemps ?

Parmi les grammairiens, rares sont ceux qui, comme Maupas au début du siècle, ont su tenir un élégant équilibre entre un esprit systématique et rigide, qui sent son collège, et les remarques pragmatiques et occasionnelles sur des détails qui rappellent la casuistique des *cercles,* mais les grammairiens sont loin d'être les seuls à traiter du langage et à agir sur lui. La société élégante du début du siècle n'a plus de goût pour les italianismes de la Cour d'Henri III, méprise les pédants trop frottés de grec et de latin, et se garde de l'archaïsme et de la vulgarité. La mode de la préciosité, qui règne vers 1650, a consisté de plus à prôner un style très châtié et à se détourner avec dégoût de ce qui sent sa province ou rappelle les arts « méchaniques ». Mais, comme l'a fait remarquer R. Lathuillère (*La préciosité,* Paris, 1966), elle a été marquée aussi par des façons de parler nouvelles, et, en fin de compte, par l'enrichissement du lexique. La substantivation de l'adjectif et du participe connaît un regain de faveur, et, selon l'une des *Précieuses* de Molière, Magdelon, il faut qu'un amant sache débiter *le doux, le tendre, le passionné,* tandis que Cathos a un *furieux tendre* pour les hommes d'épée. Les formations adverbiales en *-ment* sont très goûtées, et notamment lorsqu'elles marquent le haut degré *(diablement, effroyablement, furieusement),* ce qui va de pair avec le goût de l'hyperbole, et on aura le choix entre « le furieux tendre » et « furieusement tendre ». Les questions de lexicologie ne sont pas exclues des préoccupations des Précieuses, et parmi celles qui sont *mises sur le tapis,* pourra figurer celle-ci : les verbes *aimer* et *haïr* doivent-ils être réservés aux personnes ? Est-il possible de dire *J'aime le melon* ou *Je hay le sucre* ? La préciosité a tôt fait de dégénérer : *Les Précieuses Ridicules* datent de 1659. Sous des traits un peu forcés et éphémères, on peut reconnaître un aspect non négligeable de l'idéal d'une société : ce qui vaut plus que tout d'être appris, c'est de connaître le monde, de s'y conduire et de s'y exprimer avec aisance.

Il est amusant d'introduire à côté des Précieuses le personnage sérieux et timide que fut Vaugelas (1585-1650), auteur de *Remarques* qui parurent en 1647. Né en Bresse, et donc d'origine provinciale, il n'eut d'oreille, une fois qu'il se fut établi dans la capitale, que pour ce qui se disait à la Cour et à la Ville, au moins dans la partie la plus saine de la population. Indifférent à tout aspect systématique de la grammaire, il part de questions pratiques, et établit quelle est la bonne et belle manière de s'exprimer. Pour cela, il se rapporte à un maître, qui est l'*Usage.* Même si l'Usage n'est pas conforme à la Raison, il faut s'incliner devant son caprice ; l'*euphonie,* à son tour, peut le confirmer et le justifier mais ne saurait lui être opposée, car « les oreilles ne s'accordent pas... ce qui paraît doux à l'une semble rude à l'autre ». Lorsque l'usage de la Cour diffère de celui de la Ville, c'est le premier à qui Vaugelas donne la préférence. Faut-il, par exemple, dire *cet homme cy* avec tout Paris, ou *cet homme icy* avec la « plus grand' part de la Cour » ? Ces deux groupes trouvent respectivement insupportable l'expression que l'autre emploie. Vaugelas conseille de laisser le choix à celui qui parle, et préfère pour lui-même *cet homme icy,* c'est-à-dire la manière de la Cour. « Mais pour escrire, si ce n'est dans le stile le plus bas, comme dans la Comédie, l'Épigramme burlesque ou la Satyre, je ne voudrais jamais me servir ny de l'un ny de l'autre. »

Et, comme il arrive bien souvent, Vaugelas craint que le jugement qu'il adopte ne soit considéré comme une règle qu'il érige de lui-même. Il prend soin de se retrancher derrière ses propres observations, et, à la suite de maint prédécesseur, il invoque l'exemple des meilleurs écrivains : « Et ce n'est pas une reigle que je face moymesme, je ne pretens pas avoir cette authorité, mais c'est une remarque tirée des escrits de tous nos meilleurs autheurs, qui ont toujours évité une locution si basse et si populaire. » Ici apparaît une nouvelle composante : une locution est rattachée à un style, noble ou bas. Le premier évitera le pléonasme ou la surcharge que ne craindra pas le second : « En effet *cet homme, ce temps, cette année,* ne disent-ils pas toute la mesme chose sans y ajouster ny cy, ny, icy ? » Le déclin de la particule démonstrative *ci* a donc commencé dans le beau style ; elle « n'est bonne qu'aux pronoms *celuy* et *cettuy* en tous leurs genres en tous leurs nombres ». Encore *cettuy-cy* « commence à n'être plus guère en usage » (*Remarques,* éd. Streicher, p. 366-367).

Du fait que Vaugelas envisage de dire telle locution, alors qu'il se l'interdirait par écrit, on pourrait tirer la conséquence qu'il distingue nettement langue parlée et langue écrite. Mais il faut se garder d'aborder cette question avec notre propre façon de voir : une différence aussi tranchée que celle que nous avons coutume de faire ne correspond pas du tout au sentiment de Vaugelas selon qui : « La plus grande de toutes les erreurs en matière d'escrire est de croire, comme font plusieurs, qu'il ne faut pas escrire comme l'on parle. » Ne pas écrire comme l'on parle, cela revient à s'écarter du langage accoutumé, de peur qu'il ne paraisse « bas », au lieu que le bon style passe par les « phrases usitées, et la diction qui a cours parmi les honnestes gens et qui se trouve dans les bons autheurs ». On ne doit introduire qu'avec mesure et précaution des phrases nouvelles ou des ornements nouveaux « parmy les façons de parler establies et receues ». Il n'y a donc pas une langue parlée et une langue écrite, mais un style noble ou bas, un genre sublime ou familier. Alors qu'à certaines époques les écrivains se sont évertués à imiter la langue parlée, comme s'il s'agissait de rattraper à force de travail un modèle perdu, les préceptes, formulés ici, mettent en garde, tout à l'inverse, contre un travail du style qui aboutirait à forger une langue autre que celle qui a cours chez les gens du monde. Indépendamment des préceptes, la prise de conscience de Vaugelas incite à reconnaître la valeur documentaire de la littérature à la mode à cette époque : elle reflète l'expression d'un milieu choisi et mondain.

Dans la deuxième moitié du siècle, le P. Bouhours (1628-1702) rappelle Vaugelas par son goût de la pureté du langage et par son sens de l'observation. Il remarque quelques traits du français de son temps. La *dérivation,* d'abord, n'a pas beaucoup de vitalité. Les diminutifs adjectifs *(doucelet, mignardelette),* qui « etoient des delicatesses dans le stile de nos vieux auteurs » sont devenus insupportables ; quant aux substantifs pareillement formés, hors le cas d'*amourette,* ce sont des dérivés lexicalisés qui « ayent le caractere de diminutifs... n'en ont pas la signification » *(tablette, lancette)* ; et surtout nous n'avons pas la liberté de faire des diminutifs « selon notre caprice » comme les Italiens. L'absence de « superlatifs » formés par dérivation est rapprochée de l'horreur de la langue pour l'hyperbole « car *grandissime, bellissime, habilissime* dont les Provinciaux et mesme quelques gens de la Cour se servent ne sont point Français ». Des formations dérivatives en *-ment (abregement, deschirement* comme *inexplicablement, insoutenablement),* ou en -eur (coronateur, insidiateur) sont condamnées ainsi que les termes préfixés en *-in (inexpérimenté, intolérance)* ou en *des- (desoccuper, desaveugler).* Déjà Malherbe avait rejeté les dérivés en *-in (ivoirin, marbrin)* dont les poètes du XVIe s'étaient plu à illustrer la langue littéraire. Avec un bonheur inégal, les défenseurs de la pureté de la langue tendent à imposer un vocabulaire qui lui-même apparaît plus fixé que dans les siècles précédents. Les particuliers n'ont pas le pouvoir de faire des mots nouveaux : ils les reçoivent de la langue. La même tendance se remarque à propos de la composition. Les ornements littéraires recherchés au siècle précédent, *vent chasse nues, abeille suce fleurs,* sont qualifiés de « dictions monstrueuses dans le langage moderne ». Quelques composés ont été lexicalisés *(crevecœur, boutefeu).* Mais, là encore, ce qui, de fait, est visé, c'est un mode de formation qui dispenserait de puiser dans les ressources lexicales déjà constituées et admises.

Bouhours hait tant la composition qu'il dénonce, comme contraire au génie de la langue, le néologisme *sçavoir faire,* dont il prédit peu raisonnablement la disparition prochaine. En revanche l'abondance des locutions formées avec le verbe faire est notée : *faire des avances, faire les premiers pas.* Au reste, la richesse d'une langue ne se mesure pas à la quantité des termes lexicaux, mais à la diversité des tons et des genres qu'elle met au service de ceux qui en usent : discours familier et éloquence, style médiocre ou sublime, sérieux ou burlesque, langages techniques. Ce n'est pas que tout néologisme soit condamné à une époque où l'on a tant de soin de se mettre à l'unisson du langage moderne. Mais il faut qu'il ait été mis à l'épreuve et pour la forme, et pour le sens. On sait ce que disait Vaugelas d'*exactitude* en 1644 : « C'est un mot que j'ai vu naître comme un monstre, et auquel on s'est accoutumé. » Il avait été, en fait, concurrencé par les formations *exacteté, exactesse,* mais, une fois reçu, il perdait de sa *monstruosité.*

L'usage de la Cour n'est plus aussi systématiquement pris pour modèle : l'autorité des connaisseurs de la langue s'étend au-delà d'un simple enregistrement. Le français n'a plus besoin d'être défendu et illustré : on lui reconnaît des caractères spécifiques, un génie propre. On ne va plus nécessairement chercher un précédent ou une autorité dans une conformité avec le latin, qui « n'entre guère dans le commerce du grand monde ». Si l'Italien ressemble plus au latin, ce n'est en rien à son avantage. L'ordre *sujet-verbe* considéré comme naturel, c'est-à-dire logique, est une supériorité du français, qui l'a adopté, sur le latin où il est beaucoup moins fréquent. Depuis le XVIe siècle on regarde d'ailleurs aussi du côté du grec et de l'hébreu pour trouver des analogies. Bien que l'évolution subie perpétuellement par les langues n'échappe pas, plus d'un amateur des questions de langage est persuadé que le français a accédé à une sorte de perfection durable, et ce sentiment ne saurait être oublié quand il s'agit de donner une idée d'ensemble de l'état de langue à l'âge classique. Bouhours va si loin dans ce sens qu'il n'hésite pas à préférer les traductions françaises aux originaux latins : il est vrai qu'on était très facilement choqué de la rudesse des textes anciens, et Perrot d'Ablancourt recule devant la violence d'injures telles qu'*ennemi public, traître à la patrie,* qu'il trouve chez Tacite : « Je n'ay pas voulu ajouter *hostem et parricidam vocantes* que l'Auteur semble faire dire à tous les Sénateurs, car ces injures-là paraissent trop atroces parmi nous » (R. Zuber, *Traduction et critique de Balzac à Boileau,* p. 297).

Les auteurs de *Remarques* ne pratiquent pas tous aussi rigoureusement que Vaugelas l'ascèse de l'observation et souvent leur subjectivité prête à la critique. Ils se contredisent parfois, non sans complaisance, et l'usage, tyran désormais contesté, doit composer avec la raison. L'importance de la raison avait été mise en évidence dans un ouvrage dont l'influence fut immense et durable, la *Grammaire générale et raisonnée contenant les fondemens de l'art de parler expliquée d'une manière claire et naturelle...* (1660), qui eut pour auteurs deux des « messieurs » de Port-Royal, Arnauld et Lancelot. Une grammaire générale n'était pas une nouveauté : la grammaire n'avait cessé d'être une et générale, et le modèle des grammaires anciennes était appliqué plus ou moins rigidement à de nouvelles formes d'expression. C'est ainsi que le nom des cas latins avait cours dans la grammaire française : en fait il n'était pas plus gênant d'appeler nominatif et accusatif le sujet et l'objet, qu'indicatif et subjonctif les modes du verbe. Mais de grandes difficultés étaient rencontrées quand il s'agissait des régimes prépositionnels (voir J.-Cl. Chevalier, *op. cit.*). L'originalité de l'ouvrage est de repenser la grammaire générale alors que la spécificité de plusieurs langues, et en particulier du français comparé aux langues anciennes, a été clairement reconnue. Quelques-uns des éléments primordiaux de la philosophie cartésienne, doute méthodique, analyse, sont intégrés dans la grammaire. Un exercice, devenu aussi traditionnel dans l'école française que le découpage des propositions, est issu en droite ligne des orientations adoptées par Port-Royal. Le danger qu'elles comportaient n'a pas toujours été évité ; celui de laisser prendre, dans l'étude de la langue, une place telle à l'apprentissage de la pensée qu'il minimise indûment le rôle de la première. Mais un élargissement était en germe : la fréquentation et l'imitation des milieux mondains où se codifiait l'usage pouvaient être suppléées par les exercices raisonnés d'une formation scolaire.

2. **Le français en France.** – « On s'élève à la ville dans une indifférence grossière des choses rurales et champêtres : on distingue à peine la plante qui porte le chanvre d'avec celle qui produit le lin et le blé froment d'avec les seigles, et l'un ou l'autre d'avec le méteil... » Lorsque La Bruyère traite de la ville, il remarque cette ignorance systématique (*Les Caractères,* VII, 21). Les dictionnaires sélectifs qui paraissent dans la seconde moitié du XVIIe siècle sont des reflets très

précieux de l'état d'une langue liée à une société urbaine et choisie, que ce soit le *Richelet* (1680) ou le *Dictionnaire de l'Académie* (1694). Les mots techniques n'entrent dans ces ouvrages que dans la mesure où ils sont admis dans la conversation des gens du monde : on s'aperçoit à leur consultation que la chasse y tient plus de place que l'agriculture. L'Académie s'est préoccupée de recueillir, mais à part, les termes techniques, chargeant Thomas Corneille de composer un *Dictionnaire des arts et des sciences* (1694). Quelques années auparavant, Furetière, selon une conception fort différente, avait fait éditer le premier dictionnaire français à portée encyclopédique où voisinent des mots de tout genre, qu'ils soient vieillis, bas ou techniques (*Dictionnaire universel,* 1690) ; il y faisait figurer en particulier des « termes de relation » empruntés aux récits des voyageurs, et moins soucieux de déterminer le registre auquel appartenait le terme, il développait, non sans complaisance, les détails curieux qui s'attachaient à la chose, reflétant ainsi les intérêts d'une société d'un goût plus éclectique.

Ce serait une erreur de se faire une idée de la langue en n'ayant dans l'esprit que des exemples de la langue littéraire ; c'en serait une autre d'accorder une valeur démesurée de contre-témoignage aux documents non littéraires, tout aussi dépendants des règles de leur genre propre. Toutefois il est manifeste que le bon ton en matière de langue n'est pas l'apanage d'une poignée de Parisiens : le français qui se répand à travers les provinces récemment réunies au domaine royal est le français de la bonne société d'alors. Le libéralisme intelligent pratiqué sous l'Ancien Régime a beaucoup contribué à cette expansion. En 1644, Mlle de Scudéry remarquait qu'à Marseille la tempête amenait heureusement quelquefois des gens qui savent parler français. Et Racine a pu raconter par lettre à La Fontaine les déboires qu'il a éprouvés au cours de son voyage à Uzès : à partir de Lyon, il n'entendait guère le langage du pays, et n'était plus lui-même intelligible. Enfin, à Uzès, il s'aperçoit que c'est un mélange d'italien et d'espagnol qu'on parle autour de lui, et, grâce à cette découverte, il parvient à rétablir la communication (1661). Toutefois, dans une ville telle que Marseille, le provençal a cessé de s'écrire vers 1650, et un bilinguisme s'établit entre le français, langue écrite et langue des affaires, et le parler vernaculaire (voir A. Brun, *La langue française en Provence de Louis XIV au félibrige,* Marseille, 1927). L'une des garanties de ce mouvement est le développement de l'enseignement du français dans les écoles, et en particulier dans celles qui sont tenues par la Congrégation des Frères fondée par Jean-Baptiste de La Salle ; elles se multiplient dans tout le royaume à partir de 1700 ; une grande place y est donnée à la lecture en français.

Même si la tendance est à l'unité, même si la langue s'impose dans des milieux qui jusque-là n'avaient pas le souci d'une expression générale, il en reste bien d'autres qui sont peu touchés par ce développement. Pour la première fois les patois, dont une langue plus fixée fait ressortir les différences, manifestent leur existence dans la littérature. Les textes patoisants sont considérés alors comme relevant du genre burlesque, et passent à ce titre dans la comédie (Cyrano de Bergerac, Molière) : c'est reconnaître que la part de convention n'y est pas mince. *Les agréables conférences de deux paysans de Saint-Ouen et de Montmorency sur les affaires du temps* (1649-1651) sont, au dire de l'éditeur, « le document le plus complet, le plus cohérent et le plus exact que l'on possède sur la langue parlée dans l'Île-de-France... au XVIIe siècle » (éd. Deloffre, p. 159). Le texte se rattache aux *Mazarinades* et Piarot (de Saint-Ouen) déclare que le cardinal « est py qu'anragé contre lé Parisian à cause qui l'avon confrisqué sn'office ». Janin (de Montmorency) lui demande : « Hé queul office avety ? » Piarot répond : « Je nan sçay par ma fy rian, may je m'attan que c'est l'office de gran Mazarin ou Magasin. » Pour les années qui suivront, on pourra tirer profit des observations faites par Gile Vaudelin (M. Cohen, *Le français en 1700 d'après le témoignage de Gile Vaudelin,* Paris, 1946).

3. **Poétique et rhétorique.** – La poésie continue à reposer sur un vers syllabique. Toutefois, au XVIe siècle, ont eu lieu quelques changements : disparition des césures *épique* et *lyrique,* cette dernière consistant dans le maintien d'un e final devant une voyelle, ex. « Lors m'appella et me fis les mains mettre / Sur ung liv*re,* en me faisant promettre... » (Charles d'Orléans, *La retenue d'amours,* v. 381-382). La plupart des poèmes à forme fixe, qui avaient connu à l'époque du moyen français une grande faveur, et des variétés très nombreuses, sont rejetés par les poètes de la Pléiade, en dépit des protestations de quelques contemporains. Du Bellay parle avec mépris de « rondeaux, ballades, vyrelaiz, chants royaulx, chansons et autres telles episseries » (*Deffence,* II, 4). On leur substitue, à l'imitation de la littérature ancienne ou italienne, des poèmes qui ont été cultivés avec une fortune diverse : églogues, élégies, épîtres, odes, satires, sonnets. L'épanouissement de formes poétiques n'est pas seulement la conséquence d'une élaboration, par les poètes, d'œuvres particulières, il est aussi dans un rapport de convenance avec un état de langue : la mise à l'honneur de l'alexandrin, pratiqué de plus en plus exclusivement par Ronsard, dans la deuxième moitié du XVIe siècle, est une caractéristique non négligeable ; parmi les vers que léguait la tradition médiévale, c'était le plus long. Les tendances, qui furent

érigées en règles par Malherbe, n'étaient pas moins révélatrices des traits qui pouvaient toucher une oreille délicate à l'âge classique : la raréfaction de l'enjambement proscrit désormais en principe, rétablit un parallélisme entre le rythme et la syntaxe, dont ne s'étaient pas toujours montrées soucieuses les générations précédentes ; les hiatus sont proscrits, et l'alternance des rimes masculines et féminines s'établit définitivement. Pour apprécier la valeur de ces règles, il est bon de se détourner de ce que nous déduisons au sujet de la prononciation courante, et d'essayer de concevoir la vertu séparatrice et modératrice d'une consonne, sans laquelle mainte rencontre de voyelles apparaissait dure au point de nuire à l'harmonie du vers, effet que nous avons de la peine à imaginer aujourd'hui. En outre, nous ne sommes plus tout à fait à même de juger de la diversité et de la légèreté qu'introduisaient les syllabes inaccentuées en position finale et en surplus (12 syllabes + 1 inaccentuée, dans les vers à rime féminine).

La césure se plaçait au milieu ; mais au lieu d'être, comme au Moyen Âge, une sorte de mesure pour rien – c'est du moins ainsi qu'on pouvait la considérer alors –, elle se réduit à la correspondance avec un accent de groupe dont l'importance est soulignée par la place centrale. Il s'ensuit un jeu élégant d'ensembles et de sous-ensembles cadencés, que délimitent respectivement le retour de la rime et celui de la syllabe privilégiée de l'hémistiche, au point où s'équilibrent les deux moitiés du vers, elles-mêmes subdivisées en deux groupes accentuels. Tous ces groupes de sonorités s'articulent seulement plutôt qu'ils ne se heurtent, à moins qu'un rapport avec le sens ne l'exige, et il n'y a rien de tel, pour détruire l'harmonie du vers, que de procéder avec une abstraction brutale à un découpage accentuel. Deux ensembles ont été nettement perçus, le vers, et les deux hémistiches, généralement bien distincts et pour le rythme et pour le sens.

Quant aux sous-ensembles qui font désigner l'alexandrin classique comme un *tétramètre,* ils ont été la conséquence plutôt que l'objet conscient d'une composition : une voyelle étoffée mobile articule souvent deux groupes de syllabes dans chaque hémistiche, déterminé par le point d'équilibre central. On sent la différence à cet égard entre le vers célèbre de *Phèdre* :

> *Ariane, ma sœur, de quelle amour blessée...*

et cet autre tout aussi régulier :

> *Lisez, ingrat, lisez, et me laissez sortir*
>
> (*Bérénice,* IV, 5.)

Le trimètre, dit romantique, oppose à la combinaison de deux hémistiches, préconisée par Boileau, la détermination de trois groupes de syllabes sur un plan où s'unissent rythme et sens :

> *Il vit un œil, tout grand ouvert, dans les ténèbres*
>
> (V. Hugo.)

Il n'a pas été ignoré de la poésie classique, et il est bien difficile d'interpréter autrement le vers de Suréna :

> *Toujours aimer, toujours souffrir, toujours mourir...*

Cet autre, de Boileau lui-même, n'est, à son tour, à l'abri d'une telle interprétation, que grâce à la cohésion des deux derniers mots :

> *La même erreur les fait errer diversement*
>
> (*Satire* IV, v. 36.)

Il subsiste un minimum : la césure correspond à la finale d'un mot qui ne peut être un terme grammatical faible (par exemple un article).

L'étude des types de phrases est très délicate à introduire dans des considérations sur l'histoire de la langue : des traits particuliers à une œuvre ou à un auteur risquent perpétuellement d'être confondus avec les caractères d'un état de langue. Néanmoins, il ne sera pas sans intérêt de comparer la période de Bossuet à celle de Balzac, ou au style des *Provinciales* puisque nous savons que l'orateur sacré pensait découvrir de ce côté les meilleurs modèles français d'éloquence. À la fin du XVIIe siècle, une phrase plus courte semble appréciée ; d'autre part un type original apparaît, de *cadence mineure,* créé par La Bruyère, et auquel s'est intéressé Marivaux (Fr. Deloffre, *Une nouvelle préciosité : Marivaux et le marivaudage*). Il consiste à développer longuement une partie ascendante que gonflent des procédés rhétoriques, tandis que la partie descendante est très brève ; cette disposition met souvent en valeur un mot inattendu ou piquant à la finale : c'est la transposition du mouvement même des célèbres *Caractères,* qui accumulent les traits, pour terminer sur une brève explication récapitulative : *il est pauvre, il est riche* (VI, 83).

II. – **Le français postclassique**

Voltaire n'a pas d'épithètes trop élogieuses lorsqu'il juge les vers d'*Iphigénie* ou d'*Athalie,* le rôle de Phèdre ; dans son *Cours d'étude pour l'instruction des jeunes gens,* Condillac donne pour modèle de composition le discours prononcé par Racine à la réception de Thomas Corneille à l'Académie française ; le marivaudage a pu passer pour une nouvelle préciosité. Les types de phrases, comme les types littéraires du XVIIe siècle, se profilent derrière ce qu'écrivent les grands écrivains, même chez ceux qui acceptent le moins la tyrannie du *bon goût.* Jamais dans l'histoire de la langue, l'esthétique et le goût d'une époque n'eurent un prestige aussi durable : les chefs-d'œuvre ont été portés au rang d'échantillons d'un art intemporel. Voltaire admet les genres de style légués par l'époque précédente. Voici, empruntées aux *Commentaires sur Corneille,* quelques remarques sur *Rodogune,* II, 2 : v. 69, *Avoir un choix en main* n'est ni régulier ni noble ; v. 70, *Un aide à ma faiblesse* est du style familier ; v. 73, *Dévaler* est trop bas, mais il était encore d'usage du temps de Corneille ; v. 74, *Épouser une haine au lieu d'une femme* est un jeu de mots, une équivoque qu'il ne faut jamais imiter ; v. 75, Ce *le* se rapporte au rang, qui est trop loin.

Toutefois l'attitude n'est pas seulement d'admiration ou d'imitation effective. Si l'on reconnaît généralement à la langue une fixité du point de vue des règles du discours, le jugement n'est pas le même à l'égard du vocabulaire. L'étude des sciences et des arts s'est développée, elle est entrée dans les préoccupations des hommes du monde et fait surgir des concepts et des vocables nouveaux. Les termes techniques sont admis dans des conversations d'où ils auraient été proscrits au siècle précédent. Est-il besoin de rappeler les curiosités multiples de Voltaire, de ses amis et de ses correspondants ? La conception de Furetière triomphe, comme l'indiquent, à partir de 1704, les différentes éditions du *Dictionnaire de Trévoux* qui reprennent, en les complétant et en les élargissant, les éléments variés qu'il avait recueillis ; d'autre part apparaissent des lexiques spécialisés selon les différentes branches de l'activité humaine (commerce, mathématiques, etc.). Enfin, l'*Encyclopédie* accueille largement ces termes liés aux techniques auxquelles elle rend honneur.

L'introduction du néologisme tend à devenir une liberté salutaire plutôt que condamnable. Rousseau explique qu'il a voulu rendre service à la langue en hasardant le mot « investigation ». N'y avait-il pas là quelque idée en quête d'une expression ? Le terme n'était-il pas doux et harmonieux, d'un sens déjà connu, et, au demeurant, n'était-il pas dépourvu de synonyme ? Ainsi la création de mots nouveaux prend place parmi les tâches de l'écrivain. Ce mouvement aura son aboutissement dans la théorie de la néologie de Sébastien Mercier (*Néologie ou Vocabulaire des mots nouveaux ou à renouveler,* 1801). Les écrivains ont un autre rôle : ils contribuent à codifier les emprunts lexicaux. On sait qu'au XVIIe siècle une grande quantité de termes dits « de relation » avaient figuré dans les récits d'explorateurs et de voyageurs. Mais des formes d'origine diverse, tantôt transcriptions d'une prononciation étrangère, tantôt adaptation d'un mot écrit dans une langue où l'emprunt était passé plus tôt, ont souvent été mises en circulation pour le même mot. Cette diversité est de moins en moins admise par le français. R. Arveiller ne cite pas moins de seize formes pour *chacal* entre 1646 et 1700 (*Ciacale, schekal,* etc., *Contribution à l'étude des termes de voyages en français,* Paris, 1963, p. 175). Alors que l'*Encyclopédie* est encore hésitante, c'est Buffon qui, adoptant la forme employée dans le *Journal* de Chardin, a décidé de celle qui s'est désormais maintenue en français. L'écrivain contribue à fournir le modèle fixe dont la langue a besoin.

On prend conscience aussi de l'existence de français régionaux. Le Genevois Rousseau nous dit s'être exercé « à discerner le français pur » de ses « idiomes provinciaux ». L'exemple qu'il cite a moins d'intérêt que le sentiment qu'il a d'appartenir à une communauté distincte : « Je fus corrigé, nous dit-il, d'une faute d'orthographe, que je faisais avec tous nos Genevois » ; il s'agissait de deux vers de la *Henriade* où l'on disait : « Soit qu'un ancien respect... parlât encore... » « Ce mot *parlât* m'apprit qu'il fallait un *t* à la troisième personne du subjonctif, au lieu qu'auparavant je l'écrivais et prononçais *parla* comme le parfait de l'indicatif. » L'écrivain se forme d'abord à la langue ; après quoi il peut, ainsi que l'a fait avec beaucoup de modération Rousseau, introduire quelques termes provinciaux ou qu'il pense tels, comme il a acquis le droit d'innover quand il y avait nécessité ; il est juge de ses propres besoins d'expression, quand la langue à laquelle il s'est suffisamment formé ne lui fournit pas les ressources qui correspondent à ce qu'il a dans l'esprit.

La réflexion grammaticale développe les principes contenus dans la *Grammaire de Port-Royal* : une problématique de l'origine et de l'universalité du langage y était impliquée aussi bien qu'une théorie logique de la construction et de la ponctuation. Une conception plus évolutive du signe fait découvrir l'expression linguistique comme le développement d'un univers métaphorique ayant pour base la sensation (Voltaire, *Dictionnaire philosophique,* article « Langues », et surtout Condillac).

Ce bref exposé se terminera par une référence à deux œuvres significatives. En 1784, Rivarol obtient le prix de l'Académie de Berlin pour son *Discours sur l'universalité de la langue française* ; c'est une pièce d'éloquence où l'auteur développait les raisons d'être d'un sentiment de supériorité qu'on éprouvait alors à l'égard du français, devenu langue diplomatique internationale depuis le traité de Rastadt (1714), et langue de culture de presque toute l'Europe ; l'accent était mis à souhait sur la clarté et la rationalité. À l'opposé, dans un ouvrage posthume, Rousseau retrouvait dans la langue la même perversion qu'il avait dénoncée dans la société ; il ne faisait rien d'autre que de s'expliquer sur ce qui l'avait guidé dans une bonne part de son travail d'écrivain. Loin que l'expression vraie réside dans une phrase assimilée à un jugement, elle était plutôt à redécouvrir dans le cri d'une passion originelle *(Essai sur l'origine des langues).* Aux générations suivantes il appartiendra de faire la synthèse des deux attitudes ou d'opérer entre les deux un choix.

Chapitre V

LE FRANÇAIS D'HIER

I. – **Quelques lignes de force**

Toutes les époques ont connu leurs contraintes. Nous sommes particulièrement sensibles à celles du XIXe siècle parce qu'elles ont continué à se faire sentir jusqu'à notre temps. Jamais le courant d'unité autoritaire ne s'est manifesté avec autant d'absolutisme dans le domaine du langage. Alors que les fantaisies orthographiques que se permettait telle personne de la bonne société, au siècle précédent, faisaient partie de son pittoresque particulier, elles motivent, au cours de la première moitié du XIXe siècle, un interdit aussi grave que les égarements moraux : l'orthographe devient d' « État » en 1832, selon une expression de F. Brunot. L'expression régionale n'est pas reconnue dans ce qui la distingue, et le principe est admis que « la langue doit être une comme la République » et que la diversité des « idiomes grossiers » a pour effet de prolonger « l'enfance de la raison et la vieillesse des préjugés » (convention du 10 prairial et décret du 15 brumaire, an II). Toute une évolution se précisait dans ce sens depuis un siècle et demi, mais jamais on n'avait tenté de la brusquer de cette façon. Les conséquences de cet état d'esprit ont été heureuses lorsqu'elles se sont traduites par la généralisation d'une instruction en langue française ; elles l'ont moins été dans la mesure où des cultures de caractère régional se sont senties étouffées par des modes d'expression dont la prédominance était devenue normale et nécessaire, mais dont l'exclusivité ne l'était peut-être pas autant. La tyrannie la plus grave a sans doute résidé dans une dépendance excessive où a été tenue la langue parlée par rapport à la langue écrite : le français parlé de caractère officiel a beaucoup de mal à ne pas faire figure d'une récitation d'un morceau de langue écrite qui entre par les oreilles. Dès lors, la disparité s'accentue entre passages narratifs ou descriptifs, qu'enfle un plus grand souci de précision jugée désormais significative, et les dialogues ou les monologues, dans la mesure où ceux-ci reflètent la réalité. D'autre part, l'une des recherches de l'écrivain aura souvent pour but de donner, en vérité, la parole à quelqu'un. Et de plus en plus le désir d'une expression personnelle sera nourri par la révolte contre les conventions d'une société à laquelle on reproche d'avoir étouffé tout ce que pouvait avoir de vivant l'acte de signification.

Le français sera-t-il langue morte ou vivante ? Le goût classique agissait par de prestigieux modèles, mais, dans la mesure où il était admis comme relevant d'une esthétique intemporelle, il devenait paralysant. La hiérarchisation du vocabulaire sur laquelle il était, pour une bonne partie, fondé, n'avait plus les mêmes points d'appui, et la pratique de la langue n'était plus liée aux habitudes d'un groupe aussi homogène. Le mot, divinisé – car le mot c'est le verbe, et le Verbe c'est Dieu – se passe plus volontiers de la patine dont l'a recouvert un usage éprouvé dans un milieu restreint : il arrive de partout et ses lettres de recommandation sont des plus diverses. Comme la personnalité qui s'impose, il sera d'autant mieux apprécié de certains milieux influents qu'il fera preuve de ce qu'on appelle alors le caractère, et sera à même d'affronter les feux de la rampe. De nouvelles échelles de valeurs se créent : elles auront pour conséquence le renouvellement de la langue littéraire et un développement des capacités d'assimilation de la langue générale, tandis qu'elle-même pénétrait dans tous les milieux.

II. – L'enseignement du français

À l'époque du français classique, les gens du monde, même s'ils admiraient beaucoup sur le plan esthétique la littérature antique, se faisaient une haute idée de la perfection des ressources que fournissait alors le français. Les défenseurs des Anciens au début du XIXe siècle leur ressemblent peu, et prônent les valeurs du passé comme un refuge et un bastion qui leur permettront de s'opposer à une actualité qu'ils rejettent. Leur attitude, qui ne favorise ni une juste vue de la langue ni une appropriation des moyens d'expression, a été souvent adoptée par l'école secondaire sous l'Empire et la Restauration, et n'a pas été sans laisser quelques traces.

Le modèle latin joue si bien le rôle d'un archétype, il a si bien fait dévier le jugement de personnes éminentes, qu'on peut lire sous la plume de La Harpe (*Cours de littérature,* 1re partie, I, 3, 1822) ces phrases qui font sourire aujourd'hui : « Il est démontré que nous n'avons point de déclinaisons [c'est le résultat des efforts de plusieurs générations de grammairiens] ; que nos conjugaisons sont très incomplètes et très défectueuses [l'emploi du pronom sujet et des auxiliaires est visé ici], que notre construction est surchargée d'auxiliaires, de particules, d'articles et de pronoms [la tendance analytique est ainsi notée comme une marque d'infériorité], que nous n'avons point de mots combinés, et pas assez de composés [on opposera à ces considérations d'un esprit blasé le jeune enthousiasme de la Pléiade] ; qu'enfin notre versification n'est essentiellement caractérisée que par la rime [on n'a pas une claire conscience des richesses et des ressources de la poésie française dont un seul caractère a été retenu, la rime, qui fait pauvre figure à côté de la diversité des mètres de la prosodie ancienne]. » Et, par un retour de ce point de vue déformé, vers le modèle d'après lequel s'est opérée la déformation, l'auteur ajoute : « Il n'en est pas moins démontré que les Auciens ont plus ou moins tout ce qui nous manque. Voilà les faits... » En conclusion les génies n'en ont eu que plus de mérite à faire quelque chose dans des conditions aussi ingrates. Tant il est vrai qu'une observation d'allure objective des faits risque d'être beaucoup plus dangereuse que celle de témoins qui sont conscients des schèmes selon lesquels s'est formé leur jugement, et d'une façon plus large, leur regard sur les choses. Pour ce qui est de la prononciation, en revanche, c'est le français qui sert de modèle alors que l'anglais « semble heurter les principes de l'articulation humaine. Celle-ci doit toujours tendre à décider, à fixer la nature des sons ; et c'est l'objet et l'intention des voyelles qui ne sauraient jamais frapper trop distinctement l'oreille » [on a reconnu l'un des caractères du français classique et moderne, qui a exclu de son vocalisme les diphtongues et les triphtongues].

Il n'y a pas que des éléments négatifs dans l'enseignement du français au début du XIXe siècle. Pour l'art d'écrire, les principes sont ceux qui ont été énoncés par Buffon dans son *Discours de réception à l'Académie française.* Buffon y recommande une adaptation de la manière au sujet : rien n'est plus à déconseiller que de se donner de la peine pour exprimer des choses ordinaires ou communes d'une manière singulière ou pompeuse ; en revanche il est nécessaire de conduire selon un *plan* son exposé, qui doit former une chaîne continue « dont chaque point représente une idée ». On reconnaît là des préceptes qui sont restés monnaie courante bien longtemps après. D'autre part les morceaux choisis commencent à prendre une large place dans les livres scolaires : ils ont pour eux l'autorité de Quintilien, de Rollin et de Dumarsais. Les modèles de composition sont variés : *narrations* (ex. la célèbre *Lettre* de Mme de Sévigné sur la mort de Vatel), *tableaux* (ex. *La cataracte du Niagara* vue par Chateaubriand), *descriptions* (ex. *Les armes de Télémaque* d'après Fénelon), *définitions* (ex. *L'amour-propre* par La Rochefoucauld), *discours* et *morceaux oratoires* (ex. *Le discours adressé par l'ombre de Fabricius aux Romains* : « Ce sont des rhéteurs qui vous gouvernent !... »). Ces exemples sont empruntés à l'ouvrage qui porte le titre significatif de *Leçons françaises de littérature et de morale,* par M. Noël, Paris, 1812.

Les élèves des écoles secondaires, formés à la rhétorique et à la composition, sont en outre constamment mis en garde contre les fautes qu'ils pourraient commettre à l'égard de la pureté de la langue. Les remarques du père Doguereau, acheteur de manuscrits inédits, à Lucien Chardon qui lui soumet deux ouvrages, *L'archer de Charles IX* et *Les marguerites,* semblent le prolongement de celles qui s'entendaient en classe de lettres : « Vous avez mis *observer* pour *faire observer* et *malgré que*. *Malgré* veut un régime direct » (Balzac, *Les illusions perdues*). Toute une série d'interdits envahit le contenu de l'enseignement, qui se trouve ainsi moins bien partagé en stimulants qu'en corrections formelles d'un donné dont l'acquisition est libre. Que les élèves ainsi formés aient tendu à faire entrer les interdits dans un système positif, ou qu'ils se soient libérés, ils n'en ont pas moins été marqués. À la fin du siècle prend corps un exercice très fécond, qui est demeuré l'une des originalités de l'enseignement français, l'explication de textes.

La réceptivité des élèves avait été préparée par leur formation préliminaire. Le développement de l'instruction primaire est l'un des traits du XIXe siècle, et il donne au respect de l'orthographe, au français conçu comme une langue générale et exclusive, une force de pénétration dont les enseignements précédents avaient été incapables. Toutefois, jusqu'à une époque récente, un nombre relativement important d'élèves ne fréquentaient pas régulièrement l'école. On lit dans la chronique d'Yves Sandre intitulée *Marchands de participes* que la proportion des élèves d'une province rurale qui ne fréquentaient l'école que quatre mois sur dix, s'élevait à plus d'un quart, pour l'année 1893-1894 : il fallait bien garder le bétail sur les pâtis communaux ! (*Marie des autres,* Paris, 1964, p. 163). Sur la quinzaine d'enfants confiés à la jeune institutrice dont les aventures nous ont été retracées, une demi-douzaine connaissaient leurs lettres ; quand, pour la première fois, elle demanda de croiser les bras, il fallut détailler le geste pour plusieurs. Les leçons de français se décomposent en remarques de vocabulaire et de langue. Le thème de la première leçon est la vendange. « L'institutrice pose de petites questions précises : où y avait-il des vignes ? de quelle couleur étaient les raisins ? dans quel endroit écrasait-on les grappes ? On étudia les mots *tonneau, bouteille, bouchon.* Marie avait apporté des objets : ils pénétraient dans l'esprit des enfants, où désormais ils coïncideraient exactement avec leurs noms. Toutefois les élèves butèrent sur le mot *échalas...* » Les enfants sont perpétuellement invités à corriger l'expression qu'ils manifestent dans leurs réponses. C'est ainsi qu'à la question « À quoi sert le vin ? », une fillette répond : « Ça sert à se saouler. » Marie, très gênée, reprend : « D'abord on ne dit pas se saouler, on dit s'enivrer. » *Où qu'y'a, je cueillera* sont corrigés en *où il y a, je cueillerai* (*ibid.,* p. 184).

Une formation commune était mise à la portée de tous : elle liait les mots aux choses, et imposait une langue générale de tenue correcte contre ce qui venait immédiatement à l'esprit. Elle pouvait être complétée par une formation d'un autre ordre, qui introduisait plus particulièrement à un travail sur le langage, et familiarisait l'élève avec les ornements, les métaphores, la composition. Il sera désormais impossible de ne pas en tenir compte, et des traces de cet enseignement se feront reconnaître chez les sujets parlants qu'ils l'aient adopté sans discussion, qu'ils en aient pris le contrepied, ce qui est la façon la plus nette d'en recevoir l'influence, ou qu'ils en aient conservé seulement quelques débris.

III. – **Patois et français populaire**

Même pour nombre de gens qui ont fréquenté avec assiduité l'école dans leurs jeunes années, le contact avec une langue générale et correcte a duré juste assez pour provoquer une admiration intermittente et relativement lointaine. Pendant la majeure partie du temps, une vie de travail très absorbante imposait l'emploi de langages particuliers, qui étaient loin d'être en tous points conformes aux modèles d'expression proposés à l'école. Une enquête sur les parlers qui existaient en France est due à l'initiative de Coquebert de Montbret (1807) : le thème commun pris pour base est la parabole de *L'enfant prodigue,* dont la traduction est demandée aux correspondants. L'auteur de la version du canton d'Houdain (Pas-de-Calais) avait l'intention de « faire un petit traité sur la manière de prononcer » dans les villages voisins (voir R. Dubois et P. Bougard, L'enquête linguistique de 1806-1812 dans le domaine picard, *Nos patois du nord,* 5 juillet 1961, p. 10) : il laissait apercevoir ainsi ce qui avait surtout piqué sa curiosité.

Or la littérature au XIXe siècle n'a pas seulement élargi son champ dans le domaine de la description ; elle tend à introduire des personnages de tous les milieux, et à leur faire correspondre un langage et un style particulier qui ne les trahissent pas trop. Pareil souci affleure fréquemment chez Balzac. Il prend soin de nous dire que Mme de Lenoncourt, qui a alors cinquante-six ans, avait gardé les habitudes de la vieille Cour ; par exemple, elle prononçait les *oit* en *ait* et disait *frait* pour *froid, porteux* au lieu de *porteur (Le lys dans la vallée)*. On pourrait multiplier les exemples, depuis les expressions paysannes jusqu'aux efforts, parfois malchanceux, des provinciaux désireux d'acquérir l'aisance et le bon ton des salons parisiens.

Lorsqu'un écrivain est tenté par la description de la vie campagnarde, il se heurte à de grosses difficultés, en raison de l'existence de patois, langages où les particularités ont pu se développer à tel point que les messages ne sont parfois compréhensibles que dans un rayon de quelques kilomètres. Le problème a été posé par George Sand dans *François le Champi*. La romancière adopte un moyen terme entre la manière du Parisien, qui parle la langue moderne, et celle du paysan. Désireuse de se faire comprendre, elle se contente d'imiter une manière et d'être fidèle à la couleur. Mais à cette occasion elle reconnaît qu'elle s'est privée des termes les plus originaux et les plus expressifs : ils auraient été incompréhensibles, et le personnage, dont les paroles auraient été transposées pour le lecteur étranger à son milieu, serait trahi ; il s'oppose en effet au Parisien par sa naïveté. Il ressemblerait désormais aux paysans d'aujourd'hui qui, l'ayant oubliée, ne reculent pas devant l'emploi de mots inintelligibles pour leurs auditeurs et pour eux-mêmes. Un autre trait de ce style rustique est son archaïsme : n'est-ce pas là un nouveau danger ? La volonté d'authenticité ne va-t-elle pas être interprétée comme un désir de ressusciter des expressions vieillies ? Les vieux paysans formulent tout simplement ce qui les frappe ; l'écrivain, en s'inspirant d'eux, risque au contraire de paraître rechercher l'effet et la nouveauté.

George Sand cherche une justification esthétique à son emploi d'expressions dialectales ; Maupassant a beaucoup moins de préoccupations à ce sujet, ce qui ne va pas sans quelque avantage pour l'authenticité. Les deux écrivains ont été toutefois également sensibles à l'allure directe, spontanée, des expressions qu'ils introduisaient dans leurs récits. Si Rabot avait demandé « C'est bien moi que tu appelles ? » au lieu de « C'est *ben mé qu't'*appelles ? », nous aurions rapporté immédiatement ce personnage craintif à quelque sombre bureau plutôt que nous ne l'aurions imaginé vaquant à ses occupations dans une cour boueuse *(La bête à Maît' Belhomme)*. Que dire alors s'il avait demandé *Est-ce bien moi que tu appelles ?* Des traits descriptifs, liés à une région, s'accompagnent tout à fait normalement de termes provinciaux : il en est ainsi en littérature comme en géographie. Les fermes normandes ont souvent, en guise de clôture, un remblai appelé « fossé » : cette appellation, qui ne manque pas d'étonner les personnes étrangères au pays, figure plusieurs fois dans l'œuvre de Maupassant. Nous y lisons de même *peuple* pour *peuplier,* forme que Littré qualifie de populaire et qui se trouve dans les glossaires de diverses régions. Mais qu'importe ? Grâce à cette expression : *Deux longues avenues de peupliers démesurés, appelés peuples, en Normandie,* l'auteur attire notre attention sur une particularité du paysage qu'offrent les villages normands (voir A. G. Butler, *Les parlers dialectaux et populaires dans l'œuvre de Guy de Maupassant,* Paris, 1962, et P. Vernois, *Le style rustique dans les romans champêtres après George Sand,* Paris, 1963).

Du moment qu'il est admis que le parler contribue à caractériser un personnage ou un milieu, tous les registres sont appelés à faire partie de l'expression littéraire. Si le langage est jugé insuffisamment transparent, un équivalent ou une explication sont glissés à côté des termes qui font difficulté : Balzac ne s'est pas privé de recourir à ce procédé, courant jusque-là surtout dans les récits de voyage, qui ne pouvaient manquer d'être émaillés de termes exotiques ; il sera repris également pour les termes techniques. Un développement sur le sens peut être mis dans la bouche des personnages : dans les *Illusions perdues* Lucien qui, venant de la province, ignore encore ce qu'est un *chanteur,* se l'entend expliquer. La simple mise en italique de mots appartenant au récit ou à la description attire l'attention sur la particularité qui s'y attache, et constitue une indication précieuse sur la façon dont ils sont alors considérés.

L'argot, qui avait fait quelques apparitions dans la langue littéraire du Moyen Âge, et avait fait les délices de quelques esprits curieux au XVIIIe siècle, est l'objet d'un goût beaucoup plus répandu au XIXe : les *Mémoires* de Vidocq avaient contribué à le populariser (1828). Il est très difficile de cerner exactement les frontières de ce langage très fluent, mais l'engouement qu'ont éprouvé plusieurs générations à l'égard de ce qu'il leur semblait être, est certain : « Tout est farouche dans cet idiome, s'écrie Balzac. Les syllabes qui commencent ou qui finissent les mots sont âpres et détonnent singulièrement... Quelle vivacité d'images !... L'argot va toujours, d'ailleurs ! Il suit la civilisation, il la talonne, il s'enrichit d'expressions nouvelles à chaque nouvelle invention. » Il est bon de tempérer cette déclaration exaltée par quelques phrases plus objectives où le linguiste, après quelques essais de définition, reconnaît que, contrairement à un préjugé trop répandu, le véritable argot des malfaiteurs n'a pas été d'une grande fécondité linguistique et

« n'a fourni à la langue qu'un très faible contingent de locutions pittoresques » (P. Guiraud, *L'argot,* « Que sais-je ? », p. 52). Le pittoresque qui s'y attachait s'affaiblit très vite lorsque le mot, ne rappelant plus rien des situations auxquelles il se rapportait originellement, est entré dans le parler commun : *polisson* ne fait plus penser à un voleur de profession, et le verbe *flouer* a reçu, grâce à Simone de Beauvoir, une éclatante consécration de son usage comme terme littéraire, à une époque où il n'appartenait plus à l'argot (*La force des choses* date de 1963).

L'introduction de la langue populaire dans la littérature s'est heurtée à des difficultés d'un autre ordre. Zola, désireux de « peindre la déchéance fatale d'une famille ouvrière » lorsqu'il écrivait *L'assommoir* (roman paru en 1877) s'entend reprocher, nous dit-il, comme un crime, « d'avoir eu la curiosité littéraire de ramasser et de couler dans un moule très travaillé la langue du peuple ». Et il ajoute : « Des dictionnaires de cette langue existent pourtant, des lettrés l'étudient et jouissent de sa verdeur, de l'imprévu et de la force de ses images... Ma volonté était de faire un travail purement philologique. » La recherche de l'expression devait-elle s'orienter vers la peinture de la réalité plutôt qu'avoir pour base un filtrage ? Quelques années avant *L'assommoir* avait paru le *Dictionnaire de la langue verte* de Delvau (1868) qui fournissait aux écrivains de cette génération des matériaux. Mais la réussite littéraire dépendait de leur mise en œuvre et de la capacité de l'écrivain à s'assimiler des tournures adaptées aux personnages du milieu représenté, comme l'avait pressenti, à sa manière, George Sand pour ses paysans berrichons. Cependant, si le personnage se dévoile à travers le dialogue, il continue à se mouvoir dans un univers organisé par la logique de l'écrivain et la solution de continuité n'est pas évitée. Quelle que soit la part de convention qui subsiste il reste de tous ces efforts un élargissement de la langue littéraire, sensible désormais à des jeux d'influences, dont l'action n'avait jamais été aussi directe. Étant donné que, dans les choix faits par la langue, dans l'élaboration des modèles qu'elle propose, les écrivains tendent à tenir au XIXe siècle un rôle comparable à celui de la société des gens du monde au XVIIe, il n'était pas indifférent de jeter les yeux sur quelques-uns des domaines où ils avaient cherché une inspiration.

Le XIXe siècle est marqué par un enrichissement et une diversification du lexique. Ce développement se fait selon des orientations variées. À l'époque où le Moyen Âge et le XVIe siècle sont largement redécouverts, se manifeste un goût certain pour les archaïsmes. Chateaubriand ne les dédaigne pas lorsque, dans *Le Génie du christianisme,* il réhabilite l'art gothique, ou que, dans les *Mémoires d'outre-tombe,* il évoque la vie médiévale dont il avait entendu parler à Combourg (cf. R. Lebègue, *Les archaïsmes dans les « Mémoires d'outre-tombe »,* CAIEF, 1967, p. 59-68). Quant à Hugo, il est sensible à la *couleur* de la langue du XVIe siècle, et trouve bon de mélanger la langue de son époque « avec la fange féconde des vieux mots du XVIe siècle » (*Littérature et philosophie mêlées,* 1834). Il y a des modes passagères qui font succéder le style *mâchicoulis* au style *troubadour* ; mais des termes tels que *preux* ou *félon* s'accompagnaient d'images auxquelles les liaient des récits devenus populaires. Et lorsque Balzac allie les mots « châtelaine et bachelette » pour dépeindre Mme de Mortsauf dans le *Lys,* il laisse entendre que la façon dont il la voit doit passer par une expression qui appelle une époque antérieure. Les redécouvertes de certains aspects du passé ont toujours guidé et fortifié les prises de conscience, aidé aux libérations et aux audaces. Le regain d'intérêt pour les *Grotesques,* auxquels Théophile Gautier a consacré un ouvrage célèbre, va dans le même sens, et contribue à autoriser l'élargissement du goût ainsi qu'un grand éclectisme dans le vocabulaire.

De cet éclectisme bénéficient surtout les termes techniques. Ils s'introduisent en grand nombre dans la langue du roman. Parfois une restitution explicite à la série dont ils ont été tirés éclaire ou garantit la propriété du terme. *Arriver* a un sens banal, mais une précision et une image sont fournies par une référence qui est ici en même temps un recours à l'étymologie : « Il laissa, en style de marine, Lucien arriver » (*Illusions perdues,* 1840). Dans ce mouvement, le journal, dont le public ne cesse de s'étendre, joue un rôle de premier plan : à peu de frais, il fait passer le lecteur du compte rendu de séances mondaines aux récits d'exploits sportifs, bourrés d'anglicismes, ou aux feuilletons où trouvent place les emprunts aux langages les plus divers. Les puristes s'inquiètent du peu de souci des journalistes pour la belle langue. Balzac lui-même note leur prodigalité en termes emphatiques et en superlatifs : il note que Mme de Bargeton « avait le défaut d'employer de ces immenses phrases bardées de mots emphatiques, si ingénieusement nommées des *tartines* dans l'argot du journalisme qui tous les matins en taille à ses abonnés de fort peu digérables, et que néanmoins ils avalent » *(ibid.).* Quant aux journaux de province de ce temps, ils font un très large usage des points d'exclamation ou d'admiration qui ressemblent « aux *hurra* par lesquels on accueille les *speech* des *meeting* en Angleterre » *(ibid.).*

Flaubert a procédé à une caricature encore plus impitoyable du journal de province. Le *Fanal de Rouen* n'est pas, dans *Madame Bovary* (1856), un élément mineur. Il sert d'amplificateur à la voix de M. Homais et de ses pareils, qui, sans ce moyen, ne fourniraient des modèles – ou des repoussoirs – qu'à un petit groupe de familiers. C'est ainsi qu'Homais, qui, au moment du dîner, savait presque par cœur ce qu'il y avait dans le journal, compose de verve un grand article sur les *comices* de la veille : il enfile cliché sur cliché, en faisant courir à travers l'ensemble un mouvement de rhétorique scolaire. « Pourquoi ces festons, ces fleurs, ces guirlandes ?... Il n'oubliait point "l'air martial de notre milice", ni "nos plus sémillantes villageoises"... » Alors qu'en ancien français se développe une fine poésie formulaire dans les genres épique ou lyrique, ici les formules correspondant aux clichés lassent par le recours constant à l'hyperbole et n'aboutissent qu'à créer le style qui a reçu le nom de *pompier*. Le plaquage mécanique, « journalistiquement » banal, occupe presque toute la surface et la part qui revient à la scène exacte se réduit à la simple allusion. Lorsque l'imagination opère avec une distance suffisante, et qu'un accord intervient de façon vivante entre l'auteur et son public, un procédé parallèle de formulation aboutit à d'autres effets. Mais ici l'adaptation consciente de l'auteur à son public consiste à condescendre à se mettre de temps en temps à sa portée, comme dans la « réclame » destinée à faire valoir « l'expérience chirurgicale » à laquelle s'est livré Charles Bovary : « M. Bovary, un de nos praticiens les plus distingués... *a opéré d'un pied bot...* Je n'ai pas mis le terme scientifique, parce que, vous savez, dans un journal..., tout le monde peut-être ne comprendrait pas ; il faut que les masses... »

Mais le journal est bien loin de n'être dans tous les cas qu'un échantillon de mauvais goût et de mauvais style ; dans les milieux où il pénètre, il introduit un langage et des préoccupations variés, fournit un terrain commun d'échanges et provoque finalement un élargissement culturel ; avec l'école, il a étendu le mouvement d'unification de la langue. L'un des vocabulaires techniques qu'il a contribué le plus efficacement à répandre est celui de la politique. À cet égard il sera intéressant de comparer à l'ouvrage de M. Frey, *Les transformations du vocabulaire français à l'époque de la Révolution* (Paris, 1925), l'étude de J. Dubois, *Le vocabulaire politique et social en France de 1869 à 1872.* Les formations devenues courantes au XVIIIe siècle ont été déterminantes à l'époque où s'est créée une langue politique moderne. On y reconnaît les substantifs tirés des participes présents *(considérant, suppléant),* les suffixes en *-isme, -iste,* dérivés de noms ou d'adjectifs *(dantonisme, fédéralisme)* et concurrencés par *-in* (sur le modèle de *jacobin*) ou *-ien (thermidorien),* en *-aire (réactionnaire),* en *-al (départemental),* en *-icide (régicide).* Parmi les préfixes, *anti* devient un des plus expressifs et des plus répandus *(antidémocratique)* ; il est concurrencé par *contre (contre-épreuve, contre-partie)* ; le préfixe négatif *in-* est doublé par *non* qui paraît avoir plus de force : *non-acceptation* existe parallèlement à *inacceptation* ; la *non-activité,* c'est-à-dire le fait de n'être pas un citoyen actif, ne se confond pas avec l'*inactivité.* Parmi les éléments qui entrent en composition, les plus fréquents sont *ultra, archi, manie, cratie* : les ennemis de la Révolution avaient appelé *culocratie* le gouvernement de l'Assemblée nationale parce qu'on y opinait « par assis et par lever ». Quelques emprunts sont faits aux langues classiques *(tribune),* mais le plus grand nombre à l'anglais qui avait déjà développé un vocabulaire parlementaire : *adresse* au sens de lettre adressée au corps législatif ou au corps exécutif, *majorité* et *minorité, motion* au sens politique, *vote.* On note aussi quelques termes de chancellerie apostolique : le *mandat,* le *scrutin* ; la *session* ne se disait, selon Féraud, que des séances d'un concile, mais le mot s'appliquait parfois aux assemblées du Parlement anglais ; il a fini par prendre place à côté de *séance,* qui désigne la réunion de quelques heures, et s'est appliqué à toute la durée de la convocation d'une assemblée. De nombreux mots ont changé de sens : *ajourner* ne signifie plus « assigner à quelqu'un un jour en justice », mais « remettre la discussion d'une question à une autre séance ». Beaucoup de néologismes ont subsisté et sont devenus courants : *expropriation,* mot forgé lorsqu'on a dépouillé la noblesse et le clergé de leurs biens fonciers ; *vandalisme,* formation due à l'abbé Grégoire, auteur de plusieurs décrets destinés à empêcher la dévastation du patrimoine culturel.

La 5ᵉ édition du *Dictionnaire de l'Académie française* (1798) s'enrichit, à la fin du second tome, d'un supplément qui disparaîtra dans l'édition de 1835, et qui contient « les mots nouveaux en usage depuis la Révolution ». Les mots figurant déjà dans les autres éditions, mais pris sous une autre acception, sont indiqués par un astérisque. On y lit, sous la rubrique *citoyen, -enne,* « nom commun à tous les Français et autres individus des nations libres, qui jouissent des droits de citoyen. C'est, relativement aux femmes, une simple qualification ». Le mot *club* (la prononciation indiquée est *clob*) est donné comme emprunté à l'anglais et désigne des assemblées qui se réunissent à dates fixes pour s'entretenir des affaires publiques. Les nouveaux noms de mois y figurent ainsi que les unités du système métrique avec leurs équivalences en unités des systèmes précédemment employés. Un terme aussi ancien que *juge* doit être redéfini : « Magistrat institué par le peuple pour appliquer la loi » ; quant à la formation « juge de paix », elle fait l'objet d'un long article. Les derniers sont consacrés à *vociférations* (sans astérisque) et *vociférer* « parler avec clameur dans une assemblée ».

Le travail sur la langue qui se fait à l'époque de la Révolution a été d'une grande importance. Des mots et des formations de caractère savant se sont popularisés ; la tendance au néologisme a reçu de nouvelles ressources, et des mouvements qui s'observaient dans des milieux plus restreints au XVIIIe siècle se manifestent plus généralement et plus librement.

Un terme devenu aussi important par la suite que « classe ouvrière » est signalé pour la première fois pendant la Révolution (J. Dubois, *op. cit.,* p. 18), mais des conditions tout à fait différentes vont entraîner une véritable recréation de celui-ci. Une partie du vocabulaire de la Révolution se retrouvera dans le nouveau champ lexical dont la chute de l'Empire et la Commune occasionnent l'existence. On note alors à plusieurs reprises une opposition entre les catégories grammaticales du singulier et du pluriel : « Dans le vocabulaire des milieux traditionalistes, où le mot *classe* a une valeur uniquement descriptive, on se sert du pluriel aussi systématiquement que les socialistes emploient le singulier » *(ibid.).* En revanche, le pluriel *libertés* a un caractère limitatif que n'a pas le singulier virtuel *liberté,* auquel les socialistes préfèrent des mots plus chargés de sens tels qu'*émancipation* ou *affranchissement.*

Bien d'autres vocabulaires ont contribué à l'enrichissement de la langue. Les mots des rapins ne sont plus confinés aux ateliers ; ils sont particulièrement à la mode sous Louis-Philippe. Leur admiration s'exprime dans des phrases de ce genre : « Comme c'est *tripoté* ! Comme c'est *touché* ! quel *ragoût* ! quelle *pâte* ! quel *beurre* ! Il est impossible d'être plus *chaud* et plus *grouillant* » (cité dans G. Matoré, *Le vocabulaire de la prose littéraire de 1833 à 1845,* Paris, 1951). Des termes tels que *chic* et *chiqué* se répandent à cette époque.

On suivra la formation de nouveaux langages techniques grâce aux études de P.-J. Wexler (*La formation du vocabulaire des chemins de fer en France,* Paris, 1955) et de L. Guilbert (*La formation du vocabulaire de l'aviation, ibid.,* 1965). Les notions nouvelles n'entraînent pas toutes des créations de mots. Les nouveaux sens de *vol, aile, planer* sont dus à une métaphore qui rapproche l'avion de l'oiseau et constituent, dans la nouvelle série terminologique, autant de valeurs d'emplois inconnues jusqu'alors. Il y a souvent passage d'une terminologie à une autre : la locomotive a commencé par être appelée *remorqueur,* d'après le modèle fourni par la langue de la navigation (cf. *gare,* d'abord attesté comme gare d'eau). Le remorqueur est à l'origine une voiture chargée d'une machine à vapeur qui en entraîne d'autres derrière elle ; il est aussi appelé *voiture locomotive* ou encore *machine.* Avant la période de fixation, on observe un foisonnement néologique, dont aide à se dégager la recherche de l'exactitude : le lexique général de la langue s'accommode mieux de valeurs signifiantes multiples qu'une terminologie technique en train de se fixer, en attendant qu'à leur tour, certains éléments soient versés dans le lexique général, que caractérise une plus grande liberté dans les emplois.

Chapitre VI

LE FRANÇAIS D'AUJOURD'HUI

L'insuffisance de notre connaissance du plus ancien français tenait au petit nombre de documents de cette époque qui étaient parvenus jusqu'à nous. Or, pour des raisons inverses, rien n'est plus difficile que de connaître l'état de langue actuel. Une quantité énorme de documents peut y contribuer, mais ils ne sauraient en donner respectivement qu'une image partielle et particulière. Les sujets parlants, pour peu qu'ils réfléchissent, se rendront compte qu'ils recourent, suivant les circonstances, à des registres si différents que ce qui était donné comme caractéristique normale du français écrit et soigné, a subitement changé de portée et de valeur dans la langue familière. Telle personne qui disait *çui-là* et *y a* en faisant son marché, prononcera *celui-là* et *il y a* en lisant à haute voix le journal. Une différence s'accuse entre le français littéraire écrit, que ce soit celui de la grande littérature, de la littérature sans prétention, ou du journal, et la langue que chacun parle. De plus, existe-t-il un « français » ? Lorsque, à l'époque classique, le modèle avait tendu à s'unifier, on pouvait être tenté de trancher cette question par l'affirmative, quitte à laisser dans l'ombre les éléments mal accordés avec une norme qui semblait se faire admettre. De nos jours, nous sommes de plus en plus sensibles aux variétés qui entrent dans la composition de cet ensemble aux frontières mal définies que nous appelons le français.

D'autre part, nous assistons à un renouvellement très important du lexique. Il arrive que les grands-parents et les parents ne comprennent rien à ce que disent le plus familièrement du monde les générations plus jeunes. Celles-ci usent notamment de terminologies liées à des activités multiples, aux distractions et sports devenus familiers. Certaines des voies par lesquelles se fait ce renouvellement sont sans précédent. Alors que les importations se faisaient à la faveur de contacts avec des individus ou des groupes humains, beaucoup de nouvelles notions parviennent désormais par le truchement de la presse et des livres, plus récemment par la radio et la télévision (cf. A. Sauvageot, *Portrait du vocabulaire français,* p. 221). La publicité joue un rôle de premier plan pour rendre familiers non seulement des vocables, mais des modes d'association, de construction, de formation (M. Galliot, *Essai sur la langue de la réclame contemporaine,* Toulouse, 1954).

Les différences régionales s'estompent, et les modifications les plus importantes se font à l'échelle nationale. Au début du XXe siècle, Gilliéron avait tenté de déterminer les aires des phénomènes dialectaux grâce à des « enquêtes » sur le terrain effectuées par son collaborateur Edmont : 638 communes ont ainsi été étudiées ; il en est résulté la parution de l'*Atlas linguistique de la France* (1902-1909), et un grand essor de la géographie linguistique. À l'initiative d'Albert Dauzat, une nouvelle série d'atlas linguistiques plus diversifiés selon les régions, complète les données de Gilliéron (voir les travaux de J. Séguy pour l'Aquitaine, de P. Gardette pour le francoprovençal, de R. Loriot, H. Bourcelot pour le Nord-Est, etc.). Mais, alors que les dialectes ou que les patois nettement différenciés ont perdu beaucoup de terrain depuis quelques dizaines d'années dans bien des régions, les français régionaux constituent des variétés solides, et parfois susceptibles d'avoir une influence sur la langue nationale. L'un d'entre eux a été étudié par J. Séguy (*Le français parlé à Toulouse,* Toulouse, 1950) : quelques tours caractéristiques de l'occitan ont reçu un calque, comme le type de construction « il se prend une orange et il se la mange » ; la suppression de l'*e* muet après consonne, tout à fait naturelle dans le parler de Paris, devient ici un phénomène marqué et n'a lieu que lorsqu'on affecte de « parler pointu » ; les voyelles nasales du français normal sont inconnues du languedocien, et il y a transposition au français régional. K. Baldinger subdivise en trois catégories les termes appartenant au vocabulaire dialectal : certains mots de français régionaux ne sont familiers que dans une région donnée (une noix *avare* = dure à casser) ; d'autres, connus en dehors, continuent à se rapporter à cette région dont ils constituent des éléments types (les *gones* lyonnais) ; enfin, certains emprunts comme *pelouse,* définitivement entrés dans le vocabulaire commun, ne rappellent plus la province d'origine (*Colloque de lexicologie et de lexicographie françaises et romanes,* Strasbourg, 1957). Des recherches systématiques sont désormais menées sur les régionalismes du français.

Mais en dépit des protestations de nombreux linguistes, et pour des raisons qui tiennent à des conditions économiques et culturelles de plus en plus fermement établies depuis plusieurs dizaines d'années, l'élément régional a désormais peu de place dans les mouvements lexicaux. En revanche, un système de composition savante, constitué d'après les modèles gréco-latins, et qui n'est pas propre au français, s'est développé considérablement à partir du XIXe siècle. Il avait commencé par être l'apanage des clercs, avait pénétré dans la rhétorique révolutionnaire ; tombé entre les mains des savants et des techniciens, il continue à se populariser. Les cris d'alarme au *babélien* ne sont pas d'aujourd'hui, mais d'hier, et ils mettent en garde contre la prolifération de ces formations savantes : « Ce sont des mixtures de grec et d'argot, des infusions d'anglais et de latin ! Le jargon de Babel ! Ce sont les herboristes et les apothicaires qui les font, les néologismes » (voir G. Matoré, *op. cit.,* p. 129). Et, dans son *Esthétique de la langue française,* Remy de Gourmont juge ridicule « le souci des fabricateurs de tant d'inutiles mots gréco-français... Lorsqu'on inventa le bateau à vapeur, il se trouva aussitôt un professeur de grec pour murmurer *pyroscaphe* » (1899 ; réed. 1955). Depuis quelques années les emprunts anglo-saxons, qui constituent la moitié des emprunts aux langues étrangères, ont été mis au premier plan dans les débats de ce genre. Ici viennent se placer les ouvrages et les articles d'Étiemble qui a donné le nom de *franglais* à un jargon qui, à l'origine des emprunts près, rappelle celui « de l'écolier limousin ». L'un des emprunts pris pour cible est le mot *rocket* : « Moi, je me contenterai de fusée ; à supposer néanmoins qu'on veuille distinguer la *fusée* (dont nous jouions les jours de 14 juillet) des projectiles puissants dont se menacent les nations unies et pourvu qu'on francise en *roquette* le terme anglo-saxon, qui m'interdira de rattacher ce *roquette* à l'un des quatre *roquettes* dont nous disposons, celui qui veut dire *petite forteresse* ? Haïssable sous sa forme anglaise, le mot "roquette" ainsi naturalisé, ainsi rattaché au vieux fonds sémantique, représentera un enrichissement certain. » Étiemble va même jusqu'à préconiser le recours aux groupes phonétiques potentiels, ce qui, à l'inverse de ce qui précède, revient au refus de toute espèce de motivation : par exemple, sur le modèle *Dreux,* pourquoi pas *breux, treux, vreux* ? (*Le jargon des sciences,* Paris, 1966). Les difficultés résultent du fait que le français est passé « de la position dominante de langue prêteuse jusqu'au XVIIIe siècle à celle de langue surtout emprunteuse depuis le XVIIIe siècle jusqu'à nos jours » (L. Guilbert, « Anglomanie et vocabulaire technique », *Le français moderne,* 1959, p. 172). Le développement économique avancé de l'Angleterre au XIXe siècle, et depuis la première et surtout la seconde guerre mondiale, la puissance industrielle des États-Unis, ont été pour une bonne part dans la prédominance de cette voie d'emprunt. La compréhension entre techniciens de pays étrangers tend naturellement de nos jours à s'établir à partir d'un vocable unique, et celui qui prédomine est emprunté à la langue de la nation où s'est créé l'objet, s'est formulée la théorie, s'est répandu l'usage.

Remy de Gourmont *(op. cit.)* faisait observer qu'au XIIIe siècle le français avait un grand pouvoir d'assimilation, que les emprunts devenaient méconnaissables, digérés, assimilés qu'ils étaient par la langue. Ceux qui ont été faits aux langues étrangères à l'âge classique ont été adaptés phonétiquement et orthographiquement : boulingrin, contredanse *(bowling green, country dance)*. À une époque plus récente, l'accommodation phonétique est restée importante, mais l'orthographe n'est pas aussi aisément modifiée, d'autant que le mot arrive souvent par la lecture avant même qu'il ait été entendu, et c'est l'orthographe qui décèle son identité. En revanche la voyelle accentuée étrangère perd aussitôt sa prédominance en français et les sons s'assimilent à ceux qui sont les plus proches : *-er* devient *-ère* ou *-eur (globe-trotter, speaker, reporteur)* ; une certaine difficulté provient du suffixe anglais *-ing* qui a donné lieu à des prononciations très différentes *(shirting, camping, parking)* ; un *n* vélaire final a pu s'introduire ainsi parfois dans la prononciation, mais il ne s'est pas généralisé. L'influence des emprunts sur la prononciation est indirecte : ils introduisent ou réintroduisent des groupes de phonèmes qui n'étaient pas familiers ; *budget* par exemple comporte un groupe *dj* qui avait disparu du français depuis des siècles ; leur portée a donc trait à la phonétique de groupe. Il arrive que les mots étrangers subissent un calque (*gratte-ciel* est une adaptation de *sky-scraper*) ; mais le plus souvent la langue a procédé par emprunt lexical. Les emprunts sont, pour la plupart, des noms, et laissent intactes les constructions. Le propre des mots ainsi introduits est qu'en principe ils ne laissent pas apparaître de *motivation,* celle-ci devant être recherchée dans la langue prêteuse : les syllabes finales de *pick up* et *hold up* n'ont de commun, si l'on s'en tient au français, qu'une prononciation et qu'une orthographe ; elles ne constituent pas un élément de formation reconnu ; ce caractère, qui s'observait déjà dans certaines formations savantes, peut ajouter à la couleur locale ou temporelle. *Hold up* est un terme moins général qu'*attaque,* moins limité aux individus qu'*agression* ; il suggère des manœuvres de bandes, un paysage urbain, des moyens de communication modernes, autant d'éléments que n'appellent pas des termes de sens voisin, qui ont la neutralité d'un langage commun formé dans un autre âge. Il est évident que ce qui se rattache à tel élément lexical peut rapidement disparaître, que la charge d'expressivité peut se reporter sur quelqu'autre, désormais plus en accord avec les concepts fraîchement élaborés à la faveur de conditions nouvelles. Il reste qu'une partie considérable du vocabulaire usuel est extrêmement fluente.

Deux documents importants contribuent à nous faire connaître l'état du vocabulaire au milieu du XXe siècle. Dans le premier, *L'élaboration du français élémentaire* (réédité sous le titre *L'élaboration du français fondamental* en 1968), les auteurs (Gougenheim, Michéa, Rivenc, Sauvageot) ont établi une liste de mots classés selon leur fréquence en prenant pour base des enquêtes sur le langage parlé. La table ainsi obtenue fait ressortir le rôle essentiel des termes grammaticaux (verbes auxiliaires, articles, pronoms, verbes « supports » de noms) qui représentent l'élément le plus constant ; celui-ci est complété par des franges plus mouvantes, plus liées aux circonstances, qui constituent le groupe des mots « disponibles ». Les points sur lesquels l'enquête a visiblement vieilli donnent une idée des changements auxquels est soumis le vocabulaire ; le mot *caleçon* n'aurait certainement plus le même rang qu'en 1955. Des recherches sur la langue écrite ont confirmé la prééminence des termes grammaticaux mais un peu modifié l'ordre de fréquence : le premier de la liste devient la préposition *de,* qui prend ainsi la place occupée par le verbe *être.*

Le second document est un article de la revue *Le français moderne,* « Le mouvement général du vocabulaire français de 1949 à 1960 d'après un dictionnaire d'usage » (XXVIII, avril-juillet 1960, p. 86-106 et 196-210). L'étude est fondée sur les données statistiques fournies par la comparaison des éditions de 1948 et de 1960 du *Petit Larousse.* Les auteurs (J. Dubois, L. Guilbert, H. Mitterand, J. Pignon) constatent d'abord l'ampleur du mouvement : il a suffi d'une douzaine d'années pour que le quart environ du vocabulaire contenu dans le dictionnaire d'usage ait été modifié. Les modifications se traduisent tantôt par des suppressions (14 %), des additions (11,4 %) ; additions et suppressions de sens affectent 12 % du vocabulaire subsistant en 1960. On arrive d'autre part à cette conclusion que le nombre de mots du vocabulaire général diminue par rapport à celui des vocabulaires techniques. Le suffixe *-age* et, à un moindre degré, le suffixe *-ment* restent vivants ; si certains dérivés, liés à des techniques anciennes ou à des radicaux vieillis, n'ont pas survécu *(alambiquage, barillage),* de nouvelles entrées compensent en partie les disparitions *(téléguidage, intéressement).* Une spécialisation paraît se dessiner : le suffixe *-age* a été conservé pour les opérations concrètes, le suffixe *-ment* se maintient dans le vocabulaire abstrait. La formation ancienne terminée en *-son (fauchaison)* est en voie de disparition ; les formations en *-ation (salvation, détestation)*, se montrent instables, tandis que les dérivés en *-isation*, formés sur des verbes en *-iser (fonctionnarisation, titularisation)* connaissent un développement notable. Les verbes en *-iser*, qui disparaissent, appartiennent au vocabulaire général ; ceux qui apparaissent sont techniques *(monétiser, verduniser)*. Le suffixe *-iste* est étroitement lié au suffixe *isme*, dont le développement ne se limite plus à des lexiques particuliers mais s'étend à l'ensemble du lexique ; il sert de plus en plus à former des noms de personnes exerçant un métier *(documentaliste, éditorialiste)*, et l'équilibre entre les suffixes *ité* et *isme* dans le vocabulaire abstrait se modifie au profit du second. Le préfixe *ré* tend à se développer devant voyelle, le préfixe *r(e)* subissant dans ce cas une élision et sa valeur n'étant plus toujours sentie ; *réajuster, réanimer* prennent place à côté de *rajuster* et de *ranimer*. Le mouvement de retrait des suffixes *-erie* et *-oir* est considérable, tandis que les suffixes *-eur* et *euse* forment des mots désignant les machines. Le suffixe *-if* recule devant *-el* : *conceptif* est remplacé par *conceptuel*. La double fonction de *-eux*, qui sert à former des adjectifs péjoratifs et des adjectifs scientifiques a contribué à entraîner des disparitions, et la préférence va au suffixe péjoratif *-ard*. Le nombre des noms formés à l'aide d'éléments grecs augmente considérablement (ex. la série formée avec l'élément *télé-*), mais cette formation est moins stable que celle qui recourt aux préfixes d'origine latine ou française, où le mouvement est peu important, si ce n'est que quelques préfixes sont en voie de disparition *(mes-* et *for-)*. Les superlatifs formés avec le préfixe savant *hyper*, lié en particulier aux slogans publicitaires, sont en extension, tandis que le nombre des adverbes en *-ment* diminue sensiblement.

D'une façon générale on constate « la proportion considérable du vocabulaire technique et scientifique dans les additions de mots et de sens ». Parmi les sciences et les techniques, celles dont le vocabulaire pénètre le plus facilement dans l'usage courant sont l'automobile, le cinéma, l'aviation et la médecine. En revanche les vocabulaires artisanaux tels que ceux de la serrurerie ou de la menuiserie sortent de l'usage commun ; l'agriculture renouvelle considérablement son vocabulaire tandis que les moyens d'exploitation se modernisent. Certains éléments du langage sportif s'introduisent dans la langue générale : ils se banalisent. Les différences entre les niveaux de langue s'atténuent : *bagarre* et *bagarrer,* qui appartenaient à la langue familière, « commencent à être considérés comme du vocabulaire usuel » ; les modes de vie s'uniformisent et les relations économiques se multiplient. Le développement de formations à éléments significatifs multiples, fournies soit par les emprunts aux langues étrangères *(best-seller),* soit par les compositions savantes *(électro-encéphalogramme),* la multiplication des sigles, qui deviennent à leur tour capables de soutenir une dérivation *(CGT, cégétiste),* modifient la structure du mot. L'ensemble de ces constatations devrait être complété par une étude raisonnée de ce qui demeure le plus stable. Des termes aussi grammaticalisés que les formes du verbe *avoir* ne sont pas vulnérables au même titre que les mots de civilisation. Mais il ne s'agit pas seulement de mots qui vont et qui viennent : il semble bien qu'il y a aussi des modes de formation qui s'implantent et changent les caractères du *mot* lui-même. Ces transformations profondes devraient avoir pour conséquence une prise de conscience des ressources qui sont mises à notre disposition et un renouvellement de l'enseignement du français.

Il ressort de ces observations, et de celles qui ont été rassemblées dans l'*Étude sur la dérivation suf-*

fixale en français moderne et contemporain de J. Dubois (Paris, 1962), que la dérivation connaît de nos jours, contrairement à certains jugements qui ont été portés inconsidérément à ce sujet, une vitalité remarquable. Plusieurs suffixes sont en pleine expansion ; les terminologies qui se créent ou se complètent recourent largement à la dérivation ; quant aux formations occasionnelles ou éphémères, elles prolifèrent de nos jours dans les langages enfantin, familier ou populaire où elles n'ont probablement pas cessé d'abonder, et dans la langue soignée qui divulgue largement les modèles savants ou techniques. Tel collégien use bien plus souvent de *fastoche* que de *facile,* et « pas fort dégourdoche » tient lieu de variante expressive en face de « pas très dégourdi ». Un romancier prête à l'un de ses personnages la réflexion suivante : « Ses yeux *verdoches...* c'est tout ce qu'on voit dans son visage » ; un autre personnage, d'un milieu tout différent, appelle « salonerie » un certain plafond ovale qui caractérise une époque (C. Bourniquel, *Le lac,* p. 48 et 127) : chacun a ses formations mais tous se livrent à la dérivation. Même les suffixations devenues désuètes, comme celle en *-esse* qui marque un féminin spécifique, font à l'occasion figure d'archaïsme : « la patriarchesse Ève » (Z. Oldenbourg, *La pierre angulaire*).

Au siècle dernier, Lecoy de La Marche, déclarant que « la nation tout entière est en train de se cléricise », ajoute, entre parenthèses : « qu'on me passe ce mauvais néologisme ». De nos jours, on n'éprouve plus le besoin d'user de ces sortes de précautions : la « solution antonienne » est celle qui a été donnée à propos de la résidence universitaire d'Antony (émission radiophonique, 3 septembre 1968). On voit qu'un adjectif dérivé, pour des auditeurs ou des lecteurs qui sont déjà un peu au courant, est un moyen de resserrer l'expression. La tournure déterminative, dont le français avait si largement usé, est concurrencée par ces formations synthétiques : on parle d'un homme politique *droitier*, de l'ironie *francienne* (d'Anatole France), de l'histoire *événementielle* (qui se borne au récit des événements), etc. Lorsqu'il est question des « trois complaintes *médiévalisantes* du film *Les visiteurs du soir* », les auditeurs se doutent, bien que l'adjectif ne figure pas dans le *Larousse encyclopédique*, que le compositeur s'est attaché à *médiévaliser*, comme tel poète de la Pléiade à *pétrarquiser*, et s'apprêtent à entendre une imitation plutôt qu'une reconstitution de la musique d'une époque (émission radiophonique, 13 novembre 1968).

Les préfixations et les compositions non lexicalisées sont tout aussi fréquentes. *Mini* et, symétriquement, *maxi-* ont donné lieu à toutes sortes de formations : « La jeune midinette bottée et *minijupée* à souhait » (*Le Figaro*, 14/15 décembre 1968). *Non* se place devant un nom ou un adjectif pour nier la notion qu'ils impliquent : « Les littérateurs, intéressés du reste au *non-éclaircissement* de la question » (A. Breton, *Les vases communicants*). *Non-adaptation* peut suggérer des nuances autres qu'*inadaptation* : de toute façon le deuxième exemple, plus rigidement lexicalisé, ne correspond pas à un type aussi vivant, et les créations sont moins largement accueillies. À cela s'ajoutent de nombreuses dérivations impropres : le substantif *petit déjeuner* a donné naissance à un verbe, et on dit maintenant que telle personne « petit déjeune » avant de reprendre son voyage. De plus, le français familier recourt souvent au redoublement d'un élément : *susucre* n'a pas la même valeur que sucre, est susceptible d'emplois métaphoriques distincts. Et que de redoublements du même genre !

Alors que le mouvement lexical actuel favorise l'entrée de termes complexes et relativement longs, le vocabulaire commun reste abondant en mots courts qui, avec le minimum de matière phonique, véhiculent un entier de contenu. Les homophonies sont nombreuses ; le genre grammatical remédie à quelques-unes (*le* poste / *la* poste) ; en fait elles sont rarement gênantes. Ce qui précède devrait faire aboutir à cette conclusion que le français est bien adapté aux conditions actuelles. Il reste toutefois affligé d'une orthographe dont l'inutile complication a suscité des projets de réforme d'autant plus nombreux qu'aucun n'a abouti. Les partisans d'une orthographe phonétique, dans leur zèle à faire correspondre un signe à un son, ont provoqué un effroi si profond que l'idée même d'une réforme soulève l'hostilité. Le remède souvent envisagé aujourd'hui est une simplification progressive ne bouleversant pas trop brutalement l'image graphique qui, associée à l'image acoustique, constitue avec elle le mot. C'est dans ce sens que vont les *Rectifications de l'orthographe française* publiées dans le *Journal officiel* du 6 décembre 1990. L'Académie, dans la nouvelle édition qu'elle publie de son *Dictionnaire* depuis 1992, donne le choix entre deux graphies, l'ancienne et la nouvelle, tout en recommandant la nouvelle. Beaucoup de ces rectifications ont été introduites dans les récentes éditions des dictionnaires usuels. Il n'y aura plus à hésiter sur l'accord en nombre des composés qui sont sans *s* au singulier et prennent la marque du pluriel ; beaucoup d'accents circonflexes sont supprimés, notamment dans *apparaître* et les verbes de même terminaison (voir N. Catach, *L'orthographe,* « Que sais-je ? »).

Les dictionnaires fournissent l'orthographe du mot, et les éléments de définition permettent soit de le comprendre, soit de l'employer dans des associations convenables, soit de vérifier si le sens reconnu est en accord avec la notion qu'on a dans l'esprit. L'influence des dictionnaires sur la langue est difficilement mesurable, mais certainement considérable. Le *Dictionnaire* de Littré, dont l'impression a commencé en 1859, s'appuie sur des exemples empruntés à la langue littéraire : bien des phrases ont été corrigées, ont pris une nouvelle direction à la suite de la consultation d'un article du Littré. Alors que les dictionnaires antérieurs ne fournissent plus désormais que des renseignements historiques, l'information recueillie dans le *Littré* n'a pas encore cessé d'être agissante. Ces dernières années les lexicographes se sont attachés à mettre au point l'inventaire du lexique des états de langue qui se sont succédé depuis le français classique. Il en est résulté la publication de dictionnaires de langue : le *Dictionnaire alphabétique et analytique de la langue française* de P. Robert, le *Grand Larousse de la langue française* et le *Trésor de la langue française*. Les *Dictionnaires encyclopédiques,* les *Quillet,* les *Robert,* les *Larousse* se présentent tantôt sous la forme d'ouvrages portatifs, qui ont pénétré dans des milieux très divers où ils font autorité, tantôt avec un volume plus vaste : le *Grand Dictionnaire universel* de Pierre Larousse comptait 15 volumes (1866-1876), le *Grand Larousse encyclopédique* (1960-1964) en compte dix, auxquels s'ajoutent plusieurs volumes de suppléments ; le *Grand Dictionnaire encyclopédique Larousse* a les mêmes dimensions. Si complète que soit la documentation contenue dans les dictionnaires, une partie du vocabulaire de l'époque n'y figure pas, parce qu'elle n'est pas définitivement lexicalisée, et que le langage vivant est perpétuellement métaphorique. Le cas du mot *vitrauphanie* est toutefois exceptionnel ; plusieurs colonnes du Bottin (Professions) sont placées sous cette rubrique, alors que le mot avait échappé aux lexicographes : une transcription, faite d'après la prononciation, *vitraux Fanny,* a conduit M. Cassagnau à cette constatation (*Le français moderne,* XXXVI, janvier 1968, p. 60).

Les questions grammaticales intéressent un public assez large. Bon nombre de quotidiens et de périodiques ont leur chronique à ce sujet. Suivant sa personnalité, l'auteur y traite plus volontiers de questions lexicales ou syntaxiques, adopte un point de vue normatif, descriptif ou historique.

Les modifications, qui ont touché les domaines autres que le vocabulaire, n'ont pas été aussi brutales. Une brève rétrospective sur la négation du verbe fera cependant sentir une évolution qui atteint les équilibres fondamentaux de la phrase. Il ressort des dépouillements faits par H. Yvon dans les textes médiévaux en prose que les emplois de *ne* seul l'emportent largement sur ceux de *ne... mie, ne... pas, ne... point* (*Romania,* t. 80-81, 1959-1960). À partir du XIVe siècle, la proportion se renverse et les négations à deux termes l'emportent par leur fréquence sur la négation simple ; parmi les premières, c'est *ne... pas* qui occupe la place prépondérante. Il s'instaure ainsi en français une négation en deux temps, le verbe se trouvant placé entre deux termes qui le nient : cette ordonnance caractérise, à quelques dérogations près, le français du XVIIe au XIXe siècle. L'une de ces dérogations était restée confinée à un type particulier de phrase : depuis l'ancien français, dans les interrogatives négatives, *pas* et *point* peuvent être employés seuls (« Est-ce pas le meilleur ? », Ronsard, *Hymne de la Mort,* v. 78). La tournure en un seul temps, qui consiste à postposer au verbe le terme négatif, s'est développée de plus en plus dans la langue parlée. Elle était la façon habituelle de s'exprimer de Louis XIII enfant, d'après Jean Héroard, le médecin auquel le dauphin avait été confié et qui a rapporté ses paroles (*Journal de Jean Héroard,* Fayard, 1989). Elle a fait son entrée dans la langue littéraire (Colette, Giono, etc.) : *J(e) sais pas.* On passe de *pas de...* à *j'ai pas de,* de *que des...* à *j'ai que des* et inversement ; la présence de *ne* se rattache de plus en plus aux modèles de la langue écrite ou soutenue, et de la grammaire normative. À l'oral, le registre familier substitue *pour pas que* à *pour que... ne... pas* que maintient la langue soignée. L'économie de la négation a donc subi, au cours de l'histoire du français, de profonds bouleversements. On pourrait en dire autant à propos de la phrase interrogative où l'inversion du sujet recule devant des procédés qui permettent de conserver le même ordre que dans la phrase non interrogative : emploi de *est-ce que* ou simple intonation.

L'un des points sur lesquels la langue écrite se détache radicalement de la langue parlée est la conservation du passé simple, qui a disparu de celle-ci, alors que l'imparfait et le passé composé n'ont cessé d'étendre leurs emplois. Le passé simple permet encore un riche jeu d'oppositions. On suivra, à la faveur du changement de temps grammatical, la transformation psychologique d'un personnage d'un roman de P. Gascar, condamné à la garde des écuries et entraîné par son entourage à la violence : « Peer avait repris le sac d'avoine qu'il traînait sur le sol en le laissant tomber en même temps pour qu'il se vidât. Un cheval mordit le sac au passage. Peer se retourna, frappa, reprit sa marche, frappa. Il faisait un pas, il frappait ; il frappait de fines têtes de chevaux travailleurs qu'une mèche faisait ressembler à d'honnêtes fronts de sacristains ; il frappait des naseaux ensanglantés par les coups de la veille ; il frappait des chevaux mourants qui regardaient entre leurs pattes de devant qu'à chaque seconde la terre tirait un peu plus à elle » *(Les bêtes)*. À l'acte isolé qui s'inscrit, et peut se recommencer, succède l'action en série qui mêle dans un ensemble dépersonnalisant victimes et bourreau. D'autre part l'opposition entre l'indicatif et le subjonctif, qui avait paru être en recul dans certains français régionaux, manifeste une grande vitalité en français commun, et l'extension la plus spectaculaire s'observe dans les propositions introduites par *après que,* où le subjonctif n'a cessé de devenir plus fréquent dans l'usage.

Le sentiment d'une distinction radicale entre la langue littéraire et celle que nous parlons a tendu à ramener de façon beaucoup trop schématique l'étude du style à celle des *écarts* : cette conception même est liée à la perception propre à un état de langue. De toute façon l'écart ne se détermine que par rapport à celui-ci. La langue littéraire met par exemple en circulation des types de phrases qui tranchent sur celles de la langue de tous les jours. Il est évident que la phrase impressionniste telle que l'a caractérisée M. Cressot (*La phrase et le vocabulaire de J. K. Huysmans,* Paris, 1935) correspond à une recherche d'écriture. Elle se rattache à un mouvement beaucoup plus vaste tendant à porter atteinte à la prédominance du verbe qui, même s'il est employé, est « retenu délibérément insignifiant ». Cependant la phrase verbale reste fermement établie dans le langage parlé. Le style substantif, après avoir été porté par certains courants littéraires du XIXe siècle, a marqué un recul. Il est devenu l'apanage de la langue des médias (voir E. Brunet, *Le vocabulaire français de 1789 à nos jours d'après des données du « Trésor de la langue française »,* Paris, 1984, t. I, p. 304).

Un autre type, la phrase dite *parcellaire* d'Aragon, consiste dans un découpage d'éléments tel qu'un effet de rebondissement est assuré par la présence du lien de dépendance syntaxique après le signe de ponctuation qui paraissait clore l'ensemble, comme dans cet exemple tiré d'Aurélien : « Pourtant cette histoire montre mieux qu'autre chose la lenteur des réactions d'*Aurélien.* Et qu'il avait dans la vie l'esprit de l'escalier. » À mesure que ces tendances prennent corps, le vieux parallélisme logico-grammatical, qui se manifestait en particulier dans la hiérarchie des dépendances et par la ponctuation, doit faire face à de nouvelles secousses.

Des tentatives, de même ordre et beaucoup plus hardies, sont discernables dans les phrases des poètes qui procèdent en outre à de subtils transferts de sens (voir P. Guiraud, *Langage et versification d'après l'œuvre de P. Valéry,* Paris 1953). Le mot, bien loin de provoquer une correspondance mécanique entre une forme et une signification, est au centre d'un double mouvement qui conduit d'un temps à un autre, d'un monde à un autre : « La moindre âme dans l'air » nous fait passer de *souffle* (le sens « étymologique ») à *âme* et de *âme* à *souffle* indifféremment ; le pouvoir du mot, régénéré par la poésie, est d'engendrer ce double mouvement. Et même si la poésie se passe de mots légués et reconnus, elle ne cesse d'être en rapports étroits avec la langue qui fournit, au moment même où elle se compose et où elle agit, autant d'éléments à la révolte qu'à la soumission, et en dernier ressort, ses sonorités. Si je lis dans Henri Michaux *Le grand combat* (*Qui je fus*, 1927), je n'identifie à aucun vocable reconnu les termes qui comptent le plus de charge sémantique : « Il l'emparouille et l'endosque contre terre ; il le rague et le roupète jusqu'à son drâle... » Et pourtant la seule opposition entre un agent et un objet marqués *(il / le)* fait naître dès le départ l'idée d'une lutte dont les phases sont introduites par *et... et... enfin...* L'absence de signification littérale n'empêche nullement le cortège des sonorités de s'organiser selon un rythme dont l'ardeur ne se relâchera qu'à la fin : « Enfin il l'écorcobalise. »

La langue dite littéraire, sur laquelle a eu tendance à se modeler l'enseignement du français, ne correspond en fait qu'à une situation de communication particulière dominée par l'écrit. Les échanges se sont beaucoup trop diversifiés pour que tout soit réduit à un type unique dont le caractère, en dehors du domaine auquel il s'applique, est forcément artificiel. Les registres apparaissent moins hiérarchisés, plus instables, plus ouverts qu'au siècle dernier. Chaque locuteur, dans la mesure où il s'ouvre à la culture, en a plusieurs à sa disposition et y recourt selon les situations d'élocution ou de communication. L'usage oral en particulier est perçu différemment de l'usage écrit : chacun a ses ellipses, ses redondances, et ce qui vaut pour l'un ne vaut pas nécessairement pour l'autre, sans que pourtant l'hétérogénéité soit telle que tout courant d'échange ait disparu. En outre, de multiples langages spéciaux sont appelés à composer avec une langue dite générale, comme d'ailleurs ils l'utilisent largement : un équilibre tend à s'établir entre la polyvalence des données de la langue générale et la spécificité de terminologies particulières ; plus riches en noms qu'en verbes, elles tendent à développer les constructions nominales et le recours aux verbes supports ; la constitution de nombreux néologismes syntagmatiques (ex. *gros plan, crédit d'impôts,* etc.) est un autre terrain d'échanges.

Bien d'autres aspects pourraient être envisagés : l'un des traits du français est sa capacité d'ouverture à des apports très divers. Les traditions et les cultures, qui se transmettent ou se développent à l'intérieur de la vaste communauté francophone, auront probablement une part de plus en plus importante à l'enrichissement et à l'illustration de la langue. Le dernier réduit, qui se montrait jusque-là réservé devant l'introduction du français, comme des autres langues nationales, s'est ouvert ces dernières années : à partir du 3 janvier 1965, la plupart des textes de la liturgie catholique de la messe ont reçu une traduction officielle ; un travail intense d'adaptation du français à une lecture en assemblée ou à une musique sacrée se poursuit dans de nombreux groupes. Divers organismes se sont donné pour tâche d'étudier, de défendre ou de diffuser la langue française : Alliance française, Comité d'Études des termes techniques français, Conseil international de la langue française, etc. Une nouvelle forme de dirigisme linguistique a fait son apparition lorsque, dans le *Journal officiel* du 28 janvier 1973, ont été publiées des listes de termes techniques autorisés, classés suivant les domaines (audiovisuel, bâtiment, énergie nucléaire, etc.). Dans maint pays non francophone, la valeur culturelle du français est reconnue, et le déclin qui semblait s'amorcer au cours de la première moitié du XXe siècle a fait place à une situation qui a cessé d'être alarmante.

Mais alors qu'au XIXe siècle la politique de la langue avait mis en valeur la nécessité d'une langue une, élément essentiel de cohésion et de communication entre les différentes couches de la société, des facteurs nouveaux font apparaître de plus en plus le prix d'une richesse qui tient à la diversité.

BIBLIOGRAPHIE

L'ouvrage de base est l'*Histoire de la langue française des origines à nos jours* de Ferdinand Brunot (13 tomes à partir de 1905). Le tome XIV (1880-1914) et le tome XV (1914-1945) ont été publiés sous la direction de G. Antoine et R. Martin aux Éd. du CNRS, Paris, 1985 et 1995 ; le dernier volume (1945-2000), sous la direction de Gérald Antoine et Bernard Cerquiglini, aux Éd. du CNRS, Paris, 2000.

Quelques histoires de la langue ont un format plus réduit :

R. Balibar, *Le colinguisme*, « Que sais-je ? », 1993.
Ch. Bruneau, *Petite histoire de la langue française*, 2 vol., Paris, 1955-1958.
F. Brunot et Ch. Bruneau, *Précis de grammaire historique de la langue française*, réédité en 1964.
J. Chaurand, *Introduction à l'histoire du vocabulaire français*, Paris, 1977.
J. Chaurand (sous la dir. de), *Nouvelle histoire de la langue française*, Paris, Éd. du Seuil, 1999.
J.-Cl. Chevalier, *Histoire de la grammaire française*, Paris, PUF, « Que sais-je ? », 2e éd., 1996.
M. Cohen, *Histoire d'une langue, le français*, Paris, 1947 ; réédité en 1967 avec une bibliographie mise à jour.
Cl. Désirat, Fr. Hordé, *La langue française au XXe siècle*, Paris, 1976.
A. François, *Histoire de la langue française cultivée des origines à nos jours*, 2 vol., Genève, 1959.
F. Furet et J. Ozouf, *Lire et écrire. L'alphabétisation des Français de Calvin à Jules Ferry*, Minuit, 1977.
J. Herman, *Précis d'histoire de la langue française*, Budapest, 1967.
L. Kukenkeim, *Grammaire historique de la langue française*, 2 vol., Leyden, 1967-1968.
R. Anthony Lodge, *French from Dialect to Standard*, London-New York, Routledge, 1993.
– *Le français. Histoire d'un dialecte devenu langue*, traduit de l'anglais par C. Veken, Paris, Fayard, 1997.
S. Lusignan, *Parler vulgairement. Les intellectuels et la langue française aux XIIIe et XIVe siècles*, Paris-Montréal, Vrin-PU de Montréal, 1981.
Chr. Marchello-Nizia, *Histoire de la langue française aux XIVe et XVe siècles*, Paris, 1979.
– *L'évolution du français. Ordre des mots, démonstratifs, accent tonique*, Paris, Armand Colin, 1995.
G. Matoré, *Histoire des dictionnaires français*, Paris, 1968.
M. Perret, *Introduction à l'histoire de la langue française*, Paris, SEDES, 1998.
J. Picoche, *Précis de morphologie historique du français*, Paris, 1979.
J. Picoche et Chr. Marcello-Nizia, *Histoire de la langue française*, Paris, Nathan, 1989.
J.-P. Seguin, *La langue française du XVIIIe siècle*, Paris, 1972.
A. Thérive, *Libre histoire de la langue française*, Paris, 1954.

Ch. Vossler, *Langue et culture de la France. Histoire du français littéraire des origines à nos jours,* trad. sur l'éd. de 1929 et préface d'A. Julliand, Paris, 1953.

H. Walter, *Le français dans tous les sens,* Paris, Robert Laffont, 1988.

W. v. Wartburg, *Évolution et structure de la langue française* (refondu en 1958).

Quelques aperçus sur l'histoire du vocabulaire se trouvent dans les ouvrages suivants :

G. Gougenheim, *Les mots français dans l'histoire et dans la vie,* 3 vol., Paris, 1962 et 1966.

R.-L. Wagner, *Les vocabulaires français,* 2 vol., Paris, 1967-1970.

TABLE DES MATIÈRES

Chapitre I – **Le plus ancien français**   3

    I. Les premières manifestations du français, 3 – II. Structures phoniques de base, 7 – III. Formation d'une orthographe, 11 – IV. Ébauche d'une morpho-syntaxe, 13.

Chapitre II – **L'ancien français (XIIe-XIIIe siècles)**   19

    I. Le nouvel état de la langue, 19 – II. Aspect phonique de la langue, 22 – III. L'orthographe de l'ancien français, 24 – IV. Les dialectes, 26 – V. Morpho-syntaxe de l'ancien français, 31 – VI. Le vocabulaire, 37.

Chapitre III – **Moyen français et français du XVIe siècle**   44

    I. De l'ancien français au moyen français, 44 – II. L'expansion de la « langue vulgaire », 54.

Chapitre IV – **Le français classique et postclassique**   65

    I. Le visage du français classique, 65 – II. Le français postclassique, 83.

Chapitre V – **Le français d'hier**   88

    I. Quelques lignes de force, 88 – II. L'enseignement du français, 90 – III. Patois et français populaire, 94.

Chapitre VI – **Le français d'aujourd'hui**   106

Bibliographie   125

Imprimé en France
par Vendôme Impressions
Groupe Landais
73, avenue Ronsard, 41100 Vendôme
Mars 2003 — N° 49 890